18岁以后要懂得的100条人生经验

李志敏◎编著

中国纺织出版社

内 容 提 要

到了 18 岁，人生就迈上了一个新的台阶：昨天还是一个可以犯错误、容易被谅解的“孩子”，一觉醒来，已经成了一个要对自己、对他人负责的“大人”。年龄可以跨越，但心理状态和为人处世的方式是不能跨越的，要走好 18 岁以后的漫漫人生路，就必须勇于学习、善于学习，让自己尽快成熟起来，成熟得越快，人生的机遇也就越多。本书针对 18 岁以后年轻人的生存现状和容易犯的错误，总结了 100 条行之有效的人生经验，相信会对 18 岁以后的年轻人有所帮助。

图书在版编目（CIP）数据

18 岁以后要懂得的 100 条人生经验 / 李志敏编著 .—北京：中国纺织出版社，2009.7（2023.5 重印）
ISBN 978－7－5064－5754－5

Ⅰ.①1… Ⅱ.①李… Ⅲ.①人生哲学—通俗读物 Ⅳ.①B821－49

中国版本图书馆 CIP 数据核字（2009）第 101884 号

策划编辑：李秀英　姜　冰　责任编辑：王军锋　责任印制：陈　涛

中国纺织出版社出版发行
地址：北京市朝阳区百子湾东里A407号楼　邮政编码：100124
销售电话：010—67004422　传真：010—87155801
http://www.c-textilep.com
E-mail: faxing@c-textilep.com
中国纺织出版社天猫旗舰店
官方微博 http://weibo.com/2119887771
天宇万达印刷有限公司印刷　各地新华书店经销
2009年7月第1版第1次印刷　2023年5月第2次印刷
开本：710×1000　1/16　印张：17
字数：280千字　定价：48.00元

前　言

18 岁，是一个标志性的年龄，也是人生从稚嫩走向成熟的分水岭，跨过了这个坎，一个“时代”结束了，一个“时代”紧接着又开始了。昨天还是一个可以犯错误、容易被谅解的“孩子”，一觉醒来，已经成了一个要对自己、对他人负责的“大人”。

眼前这个世界中的很多东西对你而言都是陌生的。学校、老师、书本可以传授给你知识，可以给你金光灿灿的学历证书，但却不能教你如何看清这个世界繁华背后的真实，如何应对前途未卜的人生。

拔剑四顾心茫然。这是很多跨过 18 岁门槛的年轻人最真实的内心写照：周遭的一切怎么和想象中的世界有如此大的差距？我该做什么？我能做什么？我的位置在哪里？要从哪里入手开创人生的局面……

年龄可以跨越，但心理状态和为人处世的方式是不能跨越的。要走好 18 岁以后的漫漫人生路，就必须勇于学习、善于学习，让自己尽快成熟起来。成熟的越快，人生的机遇也就越多。

的确，18 岁以后，你的肩膀上已经不知不觉有了无形的压力，不管你愿不愿意，都无法回避。那么今后的岁月真的就没有乐趣可言了吗？当然不是。尽管是成年人了，但也不要过早得给自己戴上枷锁。“二十不狂没志气”，你仍然可以去做一些疯狂的事，仍然可以“明知山有虎，偏向虎山行”。但是，疯狂归疯狂，内心不可无知，一定要保持几分冷静，你要清楚事情的后果，你要顾忌这个后果给亲人、朋友以及身边所有的人带来什么影响，如果这些影响都在你可以接受和承担的范围之内，那么，就放心去干。经过这些历练和思考，你就知道了一个人的“成熟”和“成功”原来也可以这样水到渠成。

18岁以后，要学着有点“城府”了，要学着“留一半清醒留一半醉”。要试着去看清事物表面背后的真相，给自己接下来的行动提供正确的信息，所以，清醒是必须的。但面对深不可测的人情世故，面对人世间许许多多的无奈和悲伤，该醉的时候还得醉一回，糊涂一点并不全是坏事。

18岁以后，不能像以前那样总是以自己为世界的中心了。在今后漫长的岁月中，你的家人会因为你的表现，或眉开眼笑，或愁上眉梢。你还要组成自己的家庭，有自己的爱人和孩子，你的幸福就是他们的幸福，你的未来就是他们的未来。

……

18岁以后，你要做的还有很多。学习，不光是学习知识和技能。“前世之事，后世之师”，许多经过实践检验过的宝贵的人生经验同样是你的必修课，这些“非官方”的课程可以让你少走很多弯路。

当然，生活是复杂的，变化是无穷的，人这一辈子不可能不走弯路，一马平川，一帆风顺，那样的人生不够精彩。但也不能大半辈子都在走弯路。之所以借鉴别人的经验，就是为了让人生不失精彩的情况下，少走一些弯路，少犯一些错误，以便有更为充足的时间去实现自己的愿望和理想。毕竟，人生苦短，时日不多，张爱玲说“出名要趁早”，其实成熟又何尝不要趁早？

当然，年轻的生命是世间最宏伟的篇章，这100条人生经验要把所有的问题都解决掉显然是不可能的。再说，那些曾经走在成功的或不成功的路上的人，谁又能保证自己的一生是完美无缺的？没有哪种药可以包治百病，如果真有，那肯定不是假药就是毒药。所以，我们不奢望这100条人生经验都是放之四海而皆准的真理，但凡有那么几条可以积极地影响你的命运，我们就很知足了。

编著者

2009年6月

目　录 CONTENTS

1 自己比什么都可靠 / 1

2 确定人生目标宜早不宜迟 / 4

3 不要把梯子搭错了墙头 / 6

4 画出自己的人生境界 / 8

5 别人的成功是用来学习的 / 10

6 好的结果不会轻而易举得到 / 13

7 要把握好今天 / 16

8 不可自轻自贱 / 18

9 成功从来不是只有一个标准 / 22

10 脚踏实地地迈好每一步 / 24

11 别总觉得这个世界不公平 / 27

12 踏踏实实地把一件事干好再说 / 28

13 不要拿幻想当理想 / 30

14 使自己具有无可替代的价值 / 33

15 别总为自己的消极等待找借口 / 35

16 没有谁的命运是被注定的 / 38

17 该躲的躲，该扛的扛 / 40

18 成大事很大程度上在于对过程的坚持 / 43
19 信念的坐标不能随风摆动 / 45
20 逆风更容易飞翔 / 49
21 认准了就坚持到底 / 51
22 正视比逃避更能赢得生存的机会 / 53
23 找工作首先要找一个好老板 / 56
24 工作是痛苦还是乐趣取决于你的态度 / 59
25 只有卑微的人格，没有卑微的工作 / 61
26 努力工作不是为了那点money（钱） / 64
27 先做适者，再做强者 / 68
28 如何与尊长交往，对年轻人来说是一门大学问 / 70
29 六分努力，三分运气，再有一分贵人相助，即是十分把握 / 74
30 不要把只说你好的人当朋友 / 76
31 远离小人，但别得罪小人 / 80
32 不做奸诈虚伪的小人，但也不能毫无城府 / 82
33 欲成大事者必善借贤人之力 / 84
34 进什么样的圈子，交什么样的朋友 / 85

35 友谊和朋友对你的人生至关重要 / 89

36 信任是友谊的基础 / 91

37 成熟与世故仅一线之隔，却又天壤之别 / 93

38 争强好胜要有个度 / 95

39 可以适当地抬高自己，但不能以贬低别人为代价 / 98

40 人生有太多的时候需要坚决地说“不”字 / 100

41 吃亏何尝不是一种福气 / 103

42 生存靠的是理性而不是意气 / 105

43 正确认识失败 / 108

44 把口才当作一种生存的本领 / 110

45 出言当有所思，不要口无遮拦 / 112

46 好吹大话的人给自己徒增笑柄 / 115

47 出口成章的能力是可以培养出来的 / 118

48 控制情绪就能控制人生 / 121

49 不要过于展露锋芒 / 123

50 有机会多到外面走一走、看一看 / 126

51 最有意义的学习是发现自己的无知 / 128

52 警惕自己失去理智的冒险 / 131
53 小聪明不是真正的聪明 / 133
54 天上掉的馅饼大多是铁饼伪装的 / 137
55 给人留余地也就是给自己留后路 / 140
56 言诺不与，其怨大于不许 / 143
57 只有孝心是不够的 / 146
58 亲情最值得去珍惜和呵护 / 149
59 初恋是爱的练习册，未必有好成绩，但必须认真做 / 155
60 失恋是美丽的，痛苦是心灵的升华 / 157
61 失败的爱情就像拉皮筋，伤得最深的总是最不愿放手的那一个 / 160
62 千万不要错过深爱你的人 / 166
63 爱情越平淡越有味道 / 168
64 给婚姻一个缓冲区 / 171
65 对家庭不满的人在家外也未必能快乐 / 174
66 宽容是让婚姻更幸福的法宝 / 177
67 追求金钱并不俗，但不可被其奴役 / 179

68 君子爱财，取之有道 / 182
69 贫不失志，贱不失义 / 184
70 人活着总是要有一点精神的 / 185
71 害人之心不可有，防人之心不可无 / 187
72 付出的爱必会得到回报 / 190
73 要拥有一颗感恩的心 / 191
74 活在当下 / 193
75 不要过分计较得失 / 195
76 学会宽容 / 198
77 让自己的心态清爽起来 / 201
78 控制自己的欲望 / 203
79 不要把地位当作人生价值的全部体现 / 207
80 帮助别人就是帮助你自己 / 208
81 别做虚荣的奴隶，盲目攀比更要不得 / 212
82 不要让嫉妒腐蚀你的灵魂 / 215
83 勤俭与吝啬无关 / 218
84 没有计划就没有效率 / 220
85 放弃是人生的大智慧 / 222

86 唯有勤奋才是人生最珍贵的资本 / 225

87 清除自负的病态心理 / 227

88 一个成熟的人要学会负起自己的责任 / 229

89 关心他人，一定要出于自己的真诚 / 234

90 压力是一本“点石成金”的秘籍 / 236

91 珍惜时间，勤奋学习 / 238

92 阅读是最值得推崇的消遣 / 240

93 创新能力是最大的竞争力 / 241

94 为学做事应以道德的修养为本 / 243

95 对于竞争，最好的结果是大家都是赢家 / 245

96 细节虽细，能量巨大 / 248

97 在反省与总结中提高自我 / 250

98 以出世的态度做人，以入世的态度做事 / 253

99 别把美德当迂腐 / 255

100 不是故事的结局不好，而是我们对故事的要求太高 / 257

参考文献 / 261

1 自己比什么都可靠

一转眼就过了18岁，不要以为这只是一个数字，至少法律上规定，你是成年人了。

成年意味着什么？意味着家人不能像以前那样事无巨细地照顾你了，再说，你还好意思时时处处向家里伸手么？还有那些儿时的玩伴，也仅仅是玩伴而已，能不能和你甘苦与共还需经过时间的考验。所以，不管你愿不愿意，今后的日子你都要有充足的心理准备面对这样一个事实：该扔掉依赖的拐杖，学着自力更生了，只有自己比什么都可靠，只有自己才是命运的主宰。

下面是一个很老的小故事，可能你早就听过了，之所以又把它拿出来并不是诚心想浪费你的时间。有些故事总得有一个完美的开头才能顺利讲下去，同样，要讲明白“自己比什么都可靠”这个道理，用这个故事做开头是再合适不过了。

话说一个佛教徒走进庙里，跪在佛像前叩拜，他发现自己身边有一个人也跪在那里，那个人长得和佛一模一样。他忍不住问：“你怎么这么像佛啊？”“我就是佛。”那个人回答道。他很奇怪：“既然你是佛，那你为何还要拜呢？”“因为我也遇到了一件非常困难的事。”佛

笑道，“然而我知道，求人不如求己。”——想来凡人之所以是凡人，可能就是因为遇事喜欢求人，而佛之所以成为佛，大约就是因为遇事只去求自己！只要我们都拥有遇事求己的那份坚强和自信，我们就会成为自己的佛。

自己都成了“佛”，就算未来尽是坎坷崎岖又何足惧？

在同一个社会环境里，人的命运之所以会表现出极大的不同，主要是由一系列客观条件与主观条件的不同所造成的。换句话说，内因即主观条件是人的命运变化的根据，具有一定的决定性，外因是通过内因而发挥其作用的。由此，无论是人类发展的实践，还是科学理论的分析，最终的研究结论就一句话：没有什么比自己更可靠，你就是自己的神、自己的上帝，你的命运最终还是由你自己去把握。

在美国贫民窟中有一对兄弟，父亲是个罪犯，罪行累累进了监狱，母亲离家出走，不知所终。兄弟俩无依无靠，于是哥哥开始打架抢劫，不学无术，后来也进了监狱，踏上了和父亲同样的不归路。当人们问他时，他埋怨道：“有那样一个父亲，有什么办法！”弟弟却恰恰相反，奋发向上，努力打工，靠奖学金念完大学，成为费城一位颇有名望的律师。当人们询问他成功的原因时，他双手一摊：“有那样一个父亲，有什么办法！”

同样的父母，同样的境遇，却有迥然不同的人生轨迹。一个看似认命，其实是逃避生活的困苦，为自己的软弱找借口，以为偷抢来钱容易，也不费力气，比辛苦地打工挣钱要轻松多了。殊不知，既玷污了自己的人格，又付出了惨重的人生代价。另一个自己掌握自己的命运，选择了一条短期看似辛苦却有着长期保障的道路，成为生活的强者，他人的楷模。因此，我们要找准自己的人生方向，不要把一切成败都归咎于命运！我们要做生活的强者，要用自己的双手创造自己的命运！

只有奋斗和努力是真实的，只有自己的汗水是真实的。相信不可控的命运，不如相信真实的自己。祈祷虚无的神和上帝，不如付出坚实的劳动。

还有就是，不要低估自己的潜力。大多数人认为自己知道自己能力的限度，然而，我们所"知道"的大部分东西，其实并不是完全知道的，而只是感觉而已。由于人们很少真正认识到自己的能力限度究竟在哪里，以致许多人老是把自己的个人能力估计得低于实际水平。卡费尔德指出："对自己起限制作用的感觉是做出高水平工作的最大障碍。"具有高标生存境界的人永远都不会让感觉限制自己的斗志。而是努力奋斗、争取，尽最大的可能获取自己想得的一切。

可是许多人不相信自己有改变命运的力量，或不思进取，随波逐流，或把希望寄托于别人而甘心做个寄生虫，最后匆匆走过一无所有。但那些不相信命运、不祈求佛的保佑的人都常常是受人尊重和敬仰的成功者。他们从不祈求外在力量的恩赐，只相信自己的努力。

须知，从来就没有什么救世主，好的机遇，好的前景都是我们自己智慧和行动的结晶！这是 18 岁以后的你最应该牢记在心的一个座右铭。

2 确定人生目标宜早不宜迟

确切地讲，18 岁以后才告诉你要尽早“确定人生目标”，很明显，已经有些迟了。

想在自己的人生之路上潇洒走一回，为名也好，为利也罢，总得体现自己的价值。理想是命运之帆，是成功之帆，决定着一个人的人生道路，目标是成功的原动力。一旦生命带给了你柠檬，你不妨把它变成柠檬汁，世界上好多事，不去想你怎么能做？你越想得到它，目标谋取就愈靠近。正如弓拉得越满，就越射得远一样。

但问题是，人生苦短，时光毕竟有限。正如张爱玲所说“出名要趁早”，确定自己人生的理想和目标也要尽可能地早。

在半个世纪前，洛杉矶郊区有个没有见过世面的孩子，才 15 岁，拟了个题为《一生的志愿》的表格，表上列出：

“到尼罗河、亚马逊河和刚果河探险；登上珠穆朗玛峰、乞力马扎罗山和麦特荷恩山；驾驭大象、骆驼、鸵鸟和野马；探访马可·波罗和亚历山大一世走过的路；主演一部像《人猿泰山》那样的电影；驾驶飞行器起飞降落；读完莎士比亚、柏拉图和亚里士多德的著作；谱一部乐曲；写一本书；游览全世界的每一个国家；结婚生孩子；参观月球……”他把每一项编了号，共有127个目标。

当把梦想庄严地写在纸上之后，他开始循序渐进地实行。

那么这位男孩是否真的实现了他的127个志愿呢？

在他16岁时，他随同父亲到佐治亚州的奥克费诺基大沼泽和佛罗里达州的埃弗洛莱兹探险。

他按计划逐个逐个地实现了自己的目标，49岁时，他完成了127个目标中的106个。这个美国人叫约翰·戈达德，获得了一个探险家所能享有的荣誉。成功的果实是甜美的，成功的人是让人羡慕的；但成功之路的艰辛又有几人能体会呢？约翰·戈达德的成功也许能给我们一些启发。

人生最可悲的就是糊里糊涂地就把自己黄金般的年轻岁月浪费掉了，等到年过半百、身心疲惫的时候才想起自己真正该做些什么。到那时，你就会真正体会到“心有余而力不足”是怎样一种无奈。

一个15岁的孩子都知道自己要做什么了，如果你也能这样尽早地确定自己的奋斗目标，并且执著不懈地努力，你就会觉得成功其实离你很近很近。

不要把梯子搭错了墙头

人生路上所遇到的困境就像一个又一个围城，你要翻过这些城墙走出去，才能超越自己，赢得辉煌。说到翻墙，大家都知道，用梯子是最好的办法。最大的问题是，四面都是墙，哪个墙的后面是我们最想去的地方呢？不要费劲地爬上了梯子的顶端，才发现梯子搭错了墙头：你会发现外面没有风景，只不过是另一个困境。

所以我们常说“方向比努力重要，天赋比奋斗重要”，如果不能找到正确的努力的方向，不能有效地发掘和利用自己的天赋，那么你肯定要走弯路，早晚有一天会发现自己的梯子搭错了墙头。

“做正确的事比正确地做事更重要”，应该说，这句话是这个时代重要的真理。

很多人都在寻找通往目标的方法和捷径，却都没有意识到如果你做的是一件错事的话，无论你做事的方法怎样正确和优秀都不会成功。可以说，做正确的事是方向，方向把握的对，才能避免梯子搭错墙头；正确地做事是方法，方法采取的好，就能达到事半功倍。也可以说，做正确的事，是一种光明的选择，正确地做事，是美好的态度。

所以，请你务必记得这句话：做正确的事比正确地做事更重要。

因为人生的时间是有限的，精力也是有限的，人的一生要碰到很多墙，搭很多次梯子。无论在他的人生长河中，还是人生的某一个阶段，都不能保证每次都能搭对墙头。科学家的发明创造，不都是一步完成的，也并不是没有失败，实际上失败就是梯子搭错了墙头，做了不正确的事，或在正确做事的某个环节做错了。做正确的大事，利国利民，做正确的小事，利己利人。如果套用毛泽东的一句话，那就是：做一件正确的事并不难，难的是一辈子做正确的事。由此可见，做正确的事的重要。

我们经常说，态度决定一切，做事就要有正确的态度，没有正确的态度，将一事无成。但做事更要有选择性，不能什么事都做，没有主见，没有是非观的做事，结果大多事与愿违，给人生留下不必要的悔恨和遗憾。我们最好“在上墙之前就看清楚梯子有没有搭错墙头”，认真思考与分析，不仅要有选择地做正确的事，还要用正确的态度、正确的方法、正确的思路把正确的事做正确。

4 画出自己的人生境界

每个人生来都是一张白纸，在上面画几种色彩并不重要，重要的是拿起笔画下去，画出自己的内容。

人生的画卷上，大抵有这样几重境界，一种是平畴遇青山，一种是青山遇平畴，还有一种是永远都在青山中。但是，永远不可能有第四种境界：永远都在平畴中。

平畴，是一望无垠的原野，很少有磕磕绊绊，也几乎看不到恶劣的豺狼虎豹，在一定意义上，它是顺利的代名词；青山，则是高低起伏的石阶，或峭拔，或幽深，或虎豹潜伏，或荆棘丛生，在很大程度上，它是困难的象征物。

大多数人的一生都处在第一重境界：平畴遇青山。平畴是天真童年和懵懂少年的顺利，那时候，他们一切无忧无虑，天空总是蓝的，流水总是清的，岁月也没有掺加丝毫的杂质。随着逐渐成长，情窦初开，学习和工作的负担加强，他们便进入山脚。他们也曾想过退缩，但是，已经没有退路，他们亦步亦趋地前行，逐渐在登攀途中找到了快乐的意义；到了中年，有些人被困难挽住了双脚，再也不愿前行，就在山脚住了下来，而少数一部分人，则一直走了下去，他们终于功成名就地到达山巅，庄严地向山脚下的世界宣扬着自己的高度。

少数人处在第二重境界：青山遇平畴。他们没有一个好的出身，甚至出身很悲惨，家境贫寒，父母一方早逝，或者原本就是孤儿、甚至是残疾。他们没有一个光辉的起点，他们只有赢在过程上。这时候他们的目的不是山顶，而是山的那一边的平畴，通过翻山越岭，他们抵达自己梦想中的境界，弥补了自己先天的不足，通过后天的争取，赢得了完美。

第三重境界的人分为两种极端：一种是由于观念、心智的不足，或者生性没有一个好习惯，注定了他们永远都要与困难纠缠，一生都无法摆脱，他们自己的人生战役里屡战屡败，一生都在打败仗；另一种是敢于挑战自己，永远都在同自己和困难作战，且能够不断攻下一个又一个山头，屡战屡胜。虽然他们同样都永远生存在青山中，但是，一个是逐渐走向熄灭，一个是在越烧越旺。

为什么不可能有第四重境界呢？地球呈一个面貌丰富的星球，它不可能永远只有平畴，没有青山的地球是单调的。没有磨难的人生是平庸的；没有挑战的心灵是遗憾的。没有任何一个军队可以拒绝战斗，没有任何一次投资可以完全规避风险；没有任何一项事业可以一劳永逸。永远不变的是变化，世界因变化而丰富多彩，我们不光要在形态上实现“表”的更新，还要在自己心灵的疆域上产生“质”的飞跃，实现重大的改革与突围！

可以说，当我们从“呱呱”堕地的那一刻就已经在纸上描上浓重的一笔。随着岁月的增长，慢慢地有了开始时的纯真无邪的童趣，虽然大多时是稚嫩的，但却是家人最幸福的一段时间；最有趣的一组图。到了青中年的时候就有了狂放、叛逆，字里行间充满浓浓的悲喜情绪，画里也有了一定的思路和轮廓。老年的时候，画里的内容画得怎么样已经不重要了，重要的是他能做在摇椅上回味过去。下面这句话我想可以说得清楚点，人生最大的悲哀不是没有成功，而是没有回忆，或许在年轻时我们都在埋怨挫折失败，磨难痛苦。可是又有多少人想过这也是一种未来的宝藏，最终的悲哀是你一直都只是拿着一张白纸，属于你自己的白纸。

人生是一种过程，无论是登山，还是一马平川，关键的是看我们怀揣着怎样一颗心，在怎样不同的境遇里用心走过!

人生就是这样的一种写意，不要在乎每一笔是浓彩，还是淡抹。重要的是你下笔的那一刻的心情，以及下笔后的释然和品味。

5 别人的成功是用来学习的

一般情况下，人们看到成功者的辉煌成就会有两个反应，一个是羡慕地流口水，另一个是从成功者的经历中不断总结对自己有用的东西，并且以此指导自己未来的奋斗历程。前者这一辈子有可能只剩下羡慕，其他的一无所有，而后者后来大多都成了前者羡慕的对象。这就是差距。

成功者就像一根擎天大柱，展现出一个人孜孜不倦的奋发追求和充满传奇的奋斗历程，他给了后来者拼搏进取的动力，也给后来者以成功的捷径指导。

当我们接近成功者时，我们会从他的身上学习到某种自己身上不曾存在的东西，或者说和成功者在一起会被他潜移默化地感染。一个人要接近成功者不单单是多和他接触这么简单，这里有三种方法让我们更清楚怎样接触和利用成功者：第一，如果你帮成功者工作，很可能学到他的成功途径。第二，当你有了初步的成功之后，你要寻找更成功者的足迹才会继续成功。第三，当你越来越成功或者说你想要最大限度的成功，你最终应该找那些成功者为你工作。方法如是，但具体操作还是要发挥我们的领悟能力和聪明才智。

成功最重要的秘诀就是要用已经证明有效的成功方法去执行成功方案。我们必须向成功者学习，了解成功者的思维模式，像成功者那样思考问题、解决问题：当你遇到忧虑的时候，你应该想想一个成功者会对此表示忧虑吗？一个你认识的成功者会为了这种事扰乱心绪吗？当你有一个看起来很不错的想法的时候，也应该考虑一下成功者有了这种想法会怎么做；当你说话或者议论别人的时候，思量一下成功者会以这种方式说话和议论别人吗？当你对待工作满不在乎、存在消极情绪的时候，你就更应该以成功者的头脑来问问自己应不应该这样描述和对待工作。

升级你的思考，升级你的行动，在心中牢记一个观念——“假如我是成功者会怎样思考？”经常问类似这样的问题，会使你真正的处在成功的位置上。

学习成功者最重要的就是学习他们的“精神”，而不要只是学习形态，要懂得用心去复制别人的成功——找出成功者的与众不同并复制出来。这样做会比你想象中的成功时间可能要少许多。若是不得复制、模仿的要领，还不如不学、自己摸索来得快。

那么具体来讲，究竟该如何学习成功人士呢？我们总结了几点，可以供你参考：

其一，学习目的要明确。如果你打算学习某位成功的企业家，而这位企业家的活动空间同你的意念不发生冲突时，那么他或许会把他获之不易的经营手法与你分享。你可以亦步亦趋地照他的方式去做，也可根据自己的目的，只把他的方案当做样板来参考。如果对方知道你在使用他的设计方案而乐于帮助你，你的感觉会更佳，学习的效果也会更佳。这时你可以通过同他交流，掌握更多的细节。你可以自由自在地向他询问有针对性的问题，征求具体的建议等。

其二，不要盲目照搬。某些因素对某些仿效对象有用，却未必对所有人都有用。因此，学习应该掌握一般性原则，不要把每个具体细节都不加选择地照搬。例如，有的同学看了许多成功励志方面的书籍，那些成功人士怎么干，他也怎么干，最后还是一无所获。学习别人对你有用的东西才是明智的做法，如果也照搬同自己气质不协调的东西，那么就成为东施效颦了。

其三，要有所创新与发展。在学习的过程中，你不但要从仿效的原型中尽可能汲取更多的东西，把这些当做改善业务的基础，而且还要加上自己的改进设想。即使你的学习对象能提供十分完善的方案，你还是要设法加上自己的创新。当你感到由于加进了创新以后，新方案比原方案有了发展时，你不妨邀请仿效对象或者有关专家来评价一下，从而获得裨益。

6 好的结果不会轻而易举得到

有一首打工者的歌中唱道：

“我穿行在茫茫的人海草原，
不想平凡是我行动的罗盘，
我飞越故乡的山水和人烟，
不想平凡是我祖辈的心愿。
……”

这大概是许多普通人共同的心声，想要超越平凡的自我，想要创造自己的奇迹。可事实是，这样一个美好的结果从来不会轻而易举得到。

在举世震惊的“5·12”汶川大地震后，中国台湾首富王永庆慷慨捐资一亿元人民币，为世人所称道。其实，王永庆少时家境贫寒，是白手起家，经过努力奋斗才成为当时的一代巨富。

王永庆15岁小学毕业后，贫困使他无法继续上学，他只好背起简陋的行装，去嘉义工作，当米店的小工。16岁时，王永庆决意创业，他求父亲为他借到200元台币做本钱，开了一家小米店。

小米店开始时困难较大，附近的居民都有米店关系，一时插不进去。王永庆不气馁，一家家去推销，并把米中杂物拣得干干净净，有时还深夜冒雨把米送到用户家中，尽量满足客户的要求。过硬的服务水平，逐渐赢得了用户，生意越做越好。接着，他开设了一间碾米厂。当时他的隔壁也有一家碾米厂，条件比他优越。为了在竞争中取胜，他每天苦干十六七个小时，终于压倒了别人。后来，他又办了一家砖厂。抗日战争期间，米厂被日军飞机炸塌了，但他很快又办一家更大的米厂。

不久，王永庆又打入了木材市场，由于种种原因，一段时间里惨淡经营。直至20世纪50年代，台湾建筑业蓬勃兴起，木材价格猛涨，王永庆的事业得以迅速提升，并由小商人变为大商人。

当时的台湾，资源贫乏，许多工业材料都依赖进口，塑胶原料便是其中之一。王永庆与其他一些商人雄心勃勃地合资成立了一座聚氯乙烯工厂，以120万美元从日本取得了技术，在1957年开始投产，并把公司名称正式定为“台湾塑胶工业股份有限公司（简称台塑）”。王永庆是主要股东及经营者。这项投资在当时的台湾是极冒风险的，一个化学家预言王永庆要破产。难关确实一道又一道，日本产的塑胶粉充斥台湾市场，而台湾塑胶加工业尚未完备，“台塑”的聚氯乙烯就更无人问津了。一些股东心灰意冷，纷纷退股，“台塑”面临夭折的危险。王永庆没有退缩，他变卖了自己的所有产业，毅然购下了“台塑”所有产权，独自经营。他采取了两项措施：一是反其道而行之，更加大量地生产，但同时提高质量，投资70万美元更新设备。结果提高了质量降低了售价，打开了市场。二是在1958年投资设立“南亚塑胶加工厂股份有限公司”，利用“台塑”的聚氯乙烯粉加工制造各类塑胶产品，终于在塑胶行业发展壮大了起来。

王永庆的成长和创业之路走得并不顺利，甚至更加坎坷。但他没有听从于命运，执著与胆识让他成就了自己辉煌的人生。我们活着就应该自己把握自己的人生轨迹，越是在困难的时候越应该树立坚定的信念，挑战命运，抬起头来，迎难而上！

没有一个人的成功是一蹴而就的，没有谁可以一步登天。恰恰相反，所有的成功都是经历了一连串的失败之后才获得的。

著名演员王宝强的经历可说是平凡人梦想成真的最佳写照。那么多的人看了《少林寺》，都想像李连杰一样成为功夫明星，却很少有人真的去做。可王宝强小小年纪，却不怕艰险，千里迢迢跑到少林寺学艺。那么多的人在少林寺习武，也想拍电影，却也只是想想而已。可十几岁的王宝强却敢跑到北京作“北漂”，做民工，跑龙套，吃得苦中苦，由配角到主角，由龙套到明星，完成了人生中的华丽蜕变。

不经一番寒彻骨，哪得梅花扑鼻香。奋斗的成果是诱人的，而奋斗的过程是艰难的。其实，这个“难”既包含了生活中的艰难困苦，也包含了自己心中的“难关”，是否敢想敢做，是否相信自己，是否有足够的勇气面对未知的一切，是否能冲破心底恐惧的难关，是拥抱成功的关键所在。只有敢于挑战自我，迎难而上的人才能成为笑到最后的胜利者。

7 要把握好今天

有些回忆没有遗忘，却注定不能重来，人生的残酷就在于梦想和现实有着遥远的距离。如果不小心把记忆忘在了某个角落，就要努力的找寻。人的心常常处在无休止的矛盾之中。自己拥有的东西，无论别人多么羡慕，总觉得平淡无奇；而拥有的一旦失去，才想起当初应当珍惜。如果真的能够把心灵上的眼睛打开，它会告诉你，过去是可以回忆的，但是过去是回不来的，能够好好把握的只是今天。

“今天”是最容易得到的，就像空气和阳光一样，因而，没有多少人给予它特别的关注。人们往往宁愿沉浸在对昨天的追忆和对明天的憧憬之中，而漠视“今天”的存在。“今天”又是最容易失去的，好比青春和美丽。人们对其价值的真正理解总是在它悄悄地流逝之后。

昨天的辉煌并不能证明今天的价值，明天的灿烂也无法减轻今天的痛苦。一味沉浸在昨天影子中的人，未来必定不会属于他们；而把全部幸福和希望都寄托在明天的人，明天将永远只能是明天。

我们所需要的是永远地抓住今天，把全部的热情与心血都倾注到现在。无论是阳光灿烂还是阴雨连绵，无论是瑞雪纷飞还是狂风呼啸，该享受时则尽情地享受，该拼搏时则奋力地拼搏，该牺牲时则无畏地牺牲。这样，你方能无愧于昨天，也无愧于明天。

“时间”随着时代的进步愈来愈重要了。因为它十分宝贵，同时不能积存。假使把今天的时间虚度过去，那么就永远失去了这个日子。你应该记住，它就是昨天我们想做各种事情的“明天”。

有句话说得好：昨天是一张已注销的支票，明天是一张期票，今天是手上的现金。因此要认清今天是我们唯一能利用的时间，去善加利用吧！昨天的已经过去，不要再去管它；明天则还没有来到，也不要去管它；重要的是今天，正在一分一秒地走过。只要你把握住了今天，那么所有的时间都将被充分地利用，一点一滴也不会浪费。由无数个充实的“今天”组成的历史，是你通往成功的必经之路。

现实中，好多的“今天”从我们指尖悄悄滑落，成为无可奈何的“昨天”。我们之所以还这么平凡甚至平庸，我们之所以还这么郁闷甚至困苦，正是因为我们没有很好的把握“今天”。

哲学家先哲无意间在古罗马城的废墟发现了一尊“双面神”神像。于是问：“请问尊神，你为什么一个头，两副面孔呢？”

双面神回答：“因为这样才能一面察看过去，以记取教训；一面瞻望未来，以给人憧憬。”

“可是，你为何不注视最有意义的现在？”先哲问。

“现在？”双面神茫然。

先哲说：“过去是现在的逝去，未来是现在的延续，你既然无视现在，即使对过去了若指掌，对未来洞察先机，又有什么意义呢？”

双面神听了，突然号啕大哭起来。原来他就是没有把握住“现在”，罗马城才被敌人攻陷，他因此被视为敝屣，遭人丢弃在废墟中。

“现在”是最重要的，“现在”是存在的本质。一切从现在做起，才是人生成功的关键。

把握今天，是很多成功者用行动开辟出来的真理，是许多失败者用心血凝聚的教训。

把握今天，就是不必为无可挽回的过去而懊丧，也不必为遥不可及的未来而想入非非。过去无论自己怎么辉煌怎么灿烂，也已像流星一样滑进无边的黑暗之中。未来是不可预测的，并且是以今天为起点的，所以我们能够切切实实地把握的只有今天，把握今天就等于踏上了成功的征程，也等于为未来奠定了基础。

其实无论做什么事情，只要从今天开始就无所谓太早或太迟，从一个行动开始，只要坚持下去必定会有收获。就像播下什么样的种子就会收获什么样的果实一样。只要我们从今天开始播下一个行动，把过去的收获和未来的憧憬连接起来，就会得到一生的充实。

8 不可自轻自贱

文学泰斗钱钟书大家都知道，是学识渊博的一代名家。其夫人也是一位杰出的女性。“一个人如果碌碌无为，只为自己渺小的生存而虚度一生，那么，即使他高寿活到一百岁，又有什么价值和意义呢？”这句话就是钱钟书的爱人杨绛所言。很朴实的一句话，道出了人生的境界，让人如醍醐灌顶。是啊！人生切忌颓废消沉，自轻自贱，而要自尊自强，积极向上。

以前听人说过这样一个故事：

有位孤独者倚靠着一棵树晒太阳，他衣衫褴褛，神情萎靡，不时有气无力地打着哈欠。一位智者从此经过，好奇地问道：“年轻人，如此好的阳光，如此难得的季节，你不去做你该做的事，懒懒散散地晒太阳，岂不辜负了大好时光？”

“唉！”孤独者叹了一口气说，“在这个世界上，除了我自己的躯壳外，我一无所有。我又何必去费心费力地做什么事呢？每天晒晒我的躯壳，就是我做的所有事了。”

“你没有家？”

“没有。与其承担家庭的负累，不如干脆没有。”孤独者说。

“你没有你的所爱？”

“没有，与其爱过之后便是恨，不如干脆不去爱。”

“你没有朋友？”

“没有。与其得到还会失去，不如干脆没有朋友。”

“你不想去赚钱？”

“不想。千金得来还复去，何必劳心费神动躯体？”

“噢，”智者若有所思，“看来我得赶快帮你找根绳子。”

“找绳子？干嘛？”孤独者好奇地问。

“帮你自缢！”

“自缢？你叫我死？”孤独者惊诧了。

“对。人有生就有死，与其生了还会死去，不如干脆就不出生。你的存在，本身就是多余的，自缢而死，不是正合你的逻辑吗？”

孤独者无言以对。

“兰生幽谷，不为无人佩戴而不芬芳；月挂中天，不因暂满还缺

而不自圆；桃李灼灼，不因秋节将至而不开花；江水奔腾，不以一去不返而拒东流。更何况是人呢？”智者说完，拂袖而去。

面对命运可以区分为三种人。

低境界状态之下的人往往是宿命论观点的持有者。在命运面前，他们无力抗争也没有想过抗争。日子在浑浑噩噩中流失。多少年前他们是下层人，多少年后他们仍然是下层人。到世间的这一遭，他们也只是和其他生物一样，匆匆而来匆匆而去。生命对他们而言只是日复一日的累积，平淡的重复，这样的日子不会升华。

另一种人对命运有过抗争，但最终还是选择了沉默。他们往往在一定程度上摆脱了原来环境的束缚，实现了一定转变。但通常有一定的惰性，当环境得到改变后，安于现状的心态就表现出来了。做事开始束手束脚，止步不前了。

而在高标准境界生存状态之下的人，对改变现状从来没有犹豫过。不管处于困境或是处于顺境，他们总知道要自己掌握自己的命运，有所作为，“生命诚可贵，爱情价更高。若为自由故，两者皆可抛。”为什么世人对自由的评价如此高？因为“只有呼吸着自由的空气，才能享受真正的生命”。只有掌握自己的命运，摆脱他人的掌控，成为自己的主人，生命中拥有的一切才会是属于自己的。

相信命运的人的第一个特征是消极退避，因循守旧。他们不争取、不反抗，任命运的蹂躏，犹如待宰的羔羊。

相信命运的人还有一个表现是囿于地位，因为囿于地位而无法向前迈进。他们倒不见得认为自己的地位将一成不变，但他们总觉得现在的地位是上天的安排，所以不可逾越。

有一次，一个士兵从前线返回，将战讯呈递给拿破仑。因为路程赶得太急促，他的坐骑还没有到达拿破仑的总部就倒地累死了。拿破仑立刻下了一道手谕，交给这位士兵，叫他骑上自己的坐骑火速赶回前线。

这位士兵瞧着那匹魁伟的坐骑，还有上面所配的华贵的马鞍，禁不住战战兢兢地脱口而出："不，将军，我只是一个平常的士兵，我受用不起！"

拿破仑回答他："对于一个法国的兵士，没有一件东西是不能受用的！"

在这个世界上，有许多人，他们以为别人所有的种种幸福是不属于他们的，以为他们是不配有的，以为他们是不能与那些命运殊佳的人相提并论的。然而他们不明白，这样的自卑自抑、自我抹杀非但不会改善自己的状况，相反会使它变得更糟糕。这种心理造成了他们的人生境界毫无起色，他们一辈子都只能生活在最底层。

不同的思想境界、不同的理想抱负就会有不同的人生。每个人都拥有充分的自主权，你可以为自己设计达到目标的路线。如果你放弃自我实现的梦想，只是被动地承受接踵而来的一切，那么你就无法体会到想要有所作为的力量及它所带来的收获。一旦你尝试着去把握自己的人生，你就能感受到这种力量的存在了。

9

成功从来不是只有一个标准

古时候交通不便，人们要去一个稍远的地方总是困难重重，而现在，人们可以凭借种种便利的交通工具到达自己想去的地方。也正因为交通的便达，获得信息的便利，使得人们在选择人生之路的时候，就像是站在一个巨大的迷宫里，自脚下延伸出去的道路有千条万条，纵横交错，但大多数人都对这些路视而不见，在他们眼中路只有一条。

所以，他们认为要拥有一个成功的人生，是有着一个标准的。因为这个标准，他们制订出这样的人生之路：孩提时代，要学钢琴、学书法、学舞蹈、学种种的技能；在学校里要考试考第一，看各种各样堆积如山的参考书；考上一个理想的大学之后，还要努力拿到各种证书，参加各种实践；毕业以后要进入一家大企业，要找一个门当户对的人结婚；为着自己的家庭和孩子努力工作，所以要参加各种令人生厌的酒会、应酬；然后教育自己的孩子也按照这个标准走下去。

可是，这样的人生真的就是所谓的成功吗？不见得。

诺贝尔物理学奖获得者丁肇中先生说：“考试能拿第一名并不代表一切，因为考试是解决别人解决了的问题。我所认识的20世纪的物理学家、化学家，拿诺贝尔奖的，几乎没有在学校考第一名的，考最后一名的倒有几位。但这些人都能挑一个题目，根据客观情况认定这是自己一辈子最重要的事情。为了这个，其余的东西都可以放在次要的位置。”

这段话说明了什么问题？那就是成功之道要适合自己。

我们看当今社会上那些功成名就者，那些寻找到适合自己人生之路的人，他们所走的路往往并不是人们所认为的正确的、正常的、标准的路。

在网上有一个笑话，说：“辍学，一定要辍学！要从小学辍学，不然没前途！爱迪生，上学时间才3个月；富兰克林，上学时间才3年；要是上到大学才辍学，顶多就只能是个比尔·盖茨了。”

这当然是一个笑话，但是就像老子所说的，“道之为物，惟恍惟惚”，为什么小学毕业的爱迪生成了发明大王，在学校成绩很差的爱因斯坦创造了相对论，退学的比尔·盖茨和埃里森成了大富翁，自学成才的李嘉诚创立了商业神话……这些现象是偶然的吗？是违背了社会规律的吗？当然不是。这是因为他们看待世界的眼光和传统不同，他们不是去适应一个环境，而是在创造一个新世界。

新世界的创造当然不是稳定的，也不是可以预测的，而这种不能预测往往会给人们带来巨大的恐惧，使人们不敢去实践。但是敢于实践的人，却可以制定出新的规则，其他人只能去适应和遵守他们制定的新规则。事实上，这个世界总是会把最高的荣誉给予那些敢于开拓、敢于不走寻常路的人们。

在明代吕楠所著的《泾野子》一书中，载有这样一个故事：

某翁有5个儿子，老大木头木脑，老二聪明机灵，老三双目失明，老四弯腰曲背，老五一腿残瘸。在一般人看来，这个家里恐怕只有老二能有点出息，老大能过个平常人的小日子，至于有残疾的老三、老四和老五基本上是注定了不幸的人生了。可是知子莫若父，当父亲的

对儿子们的生计作了妥善的安排：让木头木脑的大儿子种田，面朝黄土背朝天，用不着花心计与人打交道，也就不会吃亏上当；让聪明机灵的二儿子经商，精打细算不吃亏；让双目失明的三儿子算命，占卜起卦行走江湖；让弯腰曲背的四儿子搓绳，这活儿即使是驼背也一样干得像样；让一腿残瘸的五儿子织布，坐在织机前面用不着费腿力。等老翁去世后，5个儿子都能安身立命，一生不愁衣食。

这位父亲的高明之处就在于他能扬长避短，把儿子们的优势发挥出来，甚至是将缺陷化为长处。如果他让呆板木讷的大儿子去经商，让聪明机灵的二儿子去搓绳，让双目失明的三儿子去织布，让驼背的四儿子去种田，让瘸腿的五儿子去算命，那他们只怕都会一事无成，各人抱憾终生。

但是在现实生活中，有很多人却是在扬短避长，让有着音乐天赋的人去经商，让擅长体育运动的人去做文员……这样的“恍恍惚惚”又怎能照彻到理想的境界呢？跟随着别人制定的规则去追寻名与利，就真的是适合自己的人生之路吗？

10 脚踏实地地迈好每一步

人的成长是需要一个过程的，这个过程不是任何文凭、学位、身份、背景可以缩短或替代的，否则就会出现断层，就会成为空中楼阁。“没有人能随随便便成功”，这是一句歌词，也是一条真理。“随便”是指空想、浮躁，只有去掉这些，发扬务实的精神，万丈高楼才能拔地而起。初入社会是一个人的品质和生涯定格的时期，如果你能在这个时期树立起务实的精神，扎扎实实地练就基本功，那么还有什么能阻碍你成功呢?

即使自身具备再优越的条件，一次也只能脚踏实地地迈一步。这是十分简单的道理。然而，很多初入社会的年轻人，在步入社会后，却把这么简单的道理忘记了。他们总想一步登天，恨不得第二天一觉醒来，摇身一变成为比尔·盖茨一样的成功人物。他们对小的成功看不上眼，要他们从基层做起，他们会觉得很丢面子，他们认为凭自己的条件做那些工作简直是大材小用。他们有远大的理想，但又缺乏踏实的精神，最终只能四处碰壁。

任何一个人的成功都不是靠空想得来的，只有踏踏实实一步一个脚印地去尝试、去体验，才能最终取得成功。如果你不能改掉眼高手低的坏毛病，那么，不但初入社会就遭遇挫折，以后的人生旅程都将布满荆棘。

20世纪70年代，麦当劳公司看好了中国台湾市场，决定在当地培训一批高级管理人员。他们最先选中了一位年轻的企业家。但是，商谈了几次，都没有定下来。最后一次，总裁要求那个企业家带上他的夫人来。当总裁问道：“如果要你先去打扫厕所，你会怎么想?”那个企业家立即沉思不语，脸上还现出了尴尬的神情。他在想：要我一个小有名气的企业家打扫厕所，大材小用了吧?这时他的夫人却说道：“没关系，我们家的厕所向来都是他打扫的!”就这样，那个企业家才通过了面试。

让那个企业家没有想到的是，第二天一上班，总裁就先让他去打扫了厕所。后来他晋升为高级管理人员，看了公司的规章制度后才知

道，麦当劳公司训练员工的第一课就是先从打扫厕所开始的，就连总裁也不例外。

创维集团人力资源总监王大松曾经说："年轻人只有沉得下来才能成就大事。无论你多么优秀，到了一个新的领域或新的企业，刚出校门就只想搞策划、搞管理，可是你对新的企业了解多少？对基层的员工了解多少？没有哪个企业敢把重要的位置让刚刚走出校门的人来掌管，那样做无论对企业还是对毕业生本人都是很危险的事情。"

所以，要想获得事业的成功，就先去掉身上的浮躁之气，培养起务实的精神，扎扎实实打好基础，基础打好了，你事业的大厦才可能拔地而起。

戒掉浮躁之气并不困难，只需把自己看得笨拙一些。这样你就很容易放下什么都懂的假面具，有勇气袒露自己的无知，毫不忸怩地表示自己的疑惑，不再自命不凡，自高自大，培养起健康的心态。这有利于更快更好地掌握处理业务的技巧，提高自己的能力，还能给上司和同事留下勤学好问、严谨认真的好印象。

拥有笨拙精神的人，可以很容易地控制自己心中的激情，避免设定高不可攀、不切实际的目标，不会凭着侥幸去瞎碰，也不会为了潇洒而放纵，而是认认真真地走好每一步，踏踏实实地用好每一分钟，甘于从不起眼的小事做起，并能时时看到自己的差距。

认真扎实地去做基础工作，是培养务实精神的关键。越是那些别人不屑去做的工作，你越要做好。工作能力是有层级的，只有从基础做起，处理好小事，才能打好根基，培养起处理大事的能力。

你还要保持一颗平常心，坦然地去面对一切。如果小有成就，也不需太得意，如果遇到挫折，也不要消极失望。"不以物喜，不以己悲"的心态，会使你更加关注自己的工作，并集中精力做好它。

此外，还要切忌急于求成。事业的成功需要一个水到渠成的过程，急于求成可能导致功败垂成。

你是成年人了，不管你以后从事哪一行哪一业，成功都自有其既定的路径和程序。一步一步地来，成功自然会在不远的地方等着你；想一步登天，成功就会跑得比你更快，你永远都追不上。

11 别总觉得这个世界不公平

天天听到这样的抱怨：这太不公平了！可惜的是我们每一个人都不能成为生活的法官。在现实生活中过多地沉醉于那些公平的思考已经使我们中的好多人背上了沉重的“渴望平等”的包袱，从而完全演变成一种对生活和自己的苛刻。

有的人总是抱怨自己与别人干的工作一样多，但工资奖金却比别人拿的少。有的人总是认为那些明星的收入太高，时时抱怨不公平，并由此对这个社会失去了希望。他们想在生活的每一个角落寻求公平的落脚点，并总是把自己放在一个刚正不阿的法官的地位上裁断这世间各种不公平的事情，并痛心疾首地大声呼唤着“公平！公平！”

可是不公道的现象总是存在的，我们不能因为没有绝对公平的起跑线、绝对公平的竞争机会，就宣布退出人生的角逐和比赛。我们可

以抗议，可以去争取，但更要在逆境中保持良好心态，在生存中不断增进自身实力，在精神上不为这种现象所压垮，然后努力使这个世界看起来公平一点。

在这个世界上，绝对的公平是不存在的，但得失恩怨之间其实是有一种规律、法则在其中运行的。天行有常，从一个较长的时间系统里去看，公平是存在的，就如同马克思对价值规律的表述一样：价格是价值的表现形式，价格围绕价值上下波动；从长期来看，价格与价值肯定是一致的。

这段话同样适用于社会公平原理，从长期来看，社会肯定是公平的，但我们不可能任何时候、地点，任何事情都强求绝对公平，就如同你不能要求价格每时每刻都绝对等同于价值一样。

爱默生说："……一味愚蠢地强求始终公平，是心胸狭窄者的弊病之一。"因此我们要端正心态，在努力争取公平的同时，学会宽容，才能得到更公平。

12 踏踏实实地把一件事干好再说

有些人总是有很高的梦想，他们不屑于眼前的这些小事。旁人在他们眼中，也大多是一群庸庸碌碌之辈，谈不上有什么共同语言。但在最初交往时，人们往往会被他们表面的雄心壮志所迷惑，老板也会认为他们是难得的栋梁之才。而事实上，他们眼高手低，大部分时间都沉浸在自己宏伟的梦想中，长此以往，他们不能也不会做出什么成就，曾经的雄心壮志难免会变成同事们茶余饭后的玩笑。除非他们翻然悔悟，奋起直追，否则，等待他们的往往是慢慢沉沦，或者跳到其他的公司去继续发牢骚。即使这样，同样的悲剧也难免再次上演。

郭英毕业于某大学外语系，她一心想进入大型的外资企业，最后却不得不到了一家成立不到半年的小公司“栖身”。心高气傲的郭英根本没把这家小公司放在眼里，她想利用试用期“骑马找马”。

在郭英看来，这里的一切都不顺眼——不修边幅的老板，不完善的管理制度，土里土气的同事……自己梦想中的工作可完全不是这么回事啊。“怎么回事？”“什么破公司？”“整理文档？这样的小事怎么让我这个外语系的高材生做呢？”“这么简单的文件必须得我翻译吗？”“就一篇小报告而已，为什么自己不写要我帮忙呢？”“噢，我受不了了！”

就这样，郭英天天抱怨老板和同事，双眉不展、牢骚不停，而实际的工作却常常是能拖则拖，能躲就躲，因为这些“芝麻绿豆的小事”根本就不在她思考的范围之内，她梦想中的工作应该是一言定千金的那种。呵，梦想为什么那么远呢。

试用期很快过去了，老板认真地对她说：“我们认为，你确实是个人才，但你似乎并不喜欢在我们这种小公司里工作，因此对手边的工作敷衍了事。既然如此，我们也没有理由挽留你。对不起，请另谋高就吧！”

被辞退的郭英这才清醒过来，当初自己应聘到这家公司也是费了不少力气的，而且，就眼前的就业形势，再找一份像这样的工作也很困难啊。初次工作就以“翻船”而告终，这让郭英万分失望与后悔，可一切都已晚矣！

有些员工则不同，他们也有很高的梦想，但他们不会每天都深陷于幻想之中而游荡，他们会制订好切实可行的计划，从现在的工作开始做起，从一点一滴的小事做起，并这样毫不松懈地坚持下去。他们知道除非是他们努力把事情做成，否则什么也不会发生。就这样，他们一步步地默默努力着。终于有一天，他们晋升成为公司的骨干，所有人都不禁会大吃一惊，但仔细回想，这一切其实纯属正常，毕竟天助自助者。梦想对于他们，已经变成了活生生的现实。

当人们抱着过高的目标接触现实环境时，感到处处不如意，事事不顺心，于是就整天地抱怨。其实在做事时，你首先要做的是根据现实的环境调整自己的期望值，即使你给自己定位很高，但做起事来要现实一些。千里之行始于足下，只有辛勤耕耘才会有所收获。再宏伟的梦想，只说不做也实现不了。因此做事一定要脚踏实地，坚决杜绝眼高手低。

13 不要拿幻想当理想

有相当一部分年轻人不是没有理想，问题就在于，他们没有仔细想过，这个理想根据现实情况是否切实可行，是否有助于自己未来的成长。

一个有理想的蚂蚁，是把自己变成最优秀的蚂蚁；一个有理想的狮子，是把自己变成最优秀的狮子。如果蚂蚁眼红了，想变成百兽之王的狮子，那便是白日做梦痴心妄想了。

一旦一个人的理想和目标脱离实际，便意味着是水中月、镜中花，即使再如何追求，都是痴人说梦，最终是两手空空。

有一家人，有两个女儿，大女儿冷静聪慧，小女儿活泼伶俐。这年夏天，父母亲带着两个女儿来到海边度假。

刚刚住下，小女儿便吵着要去海边玩，母亲便拉着两个女儿一同前往。小女儿飞快地跑向海边，伸开双臂，深吸了一口迎面吹来的海风，内心的激动已经压抑不住。她光着脚丫触触海水，挽起衣袖，垒起沙堡，一阵兴致过后，她又开始捡拾贝壳。

母亲丝毫不敢懈怠，担心小女儿调皮，于是让大女儿陪着小女儿捡拾贝壳。

海边的贝壳琳琅满目，数不胜数。小女儿东挑挑，西看看，总是兴奋地拿起一个，然后丢掉手里原本的那个。这个嫌不够美，那个又嫌不够俏，各式各样、五彩缤纷的贝壳呈现在她的面前。

海潮又献上了一片贝壳，她瞟了一眼，又没什么中意的。她翻起潮湿的泥沙，寻找着地下所埋藏的“宝藏”。突然，一只小螃蟹从海滩的洞中爬了出来，不友好地对着她的手指头来了一钳，她大叫了一声，紧捂着受伤的手扑入母亲的怀中。

母亲牵着她，带着大女儿回到了住处。小女儿看着姐姐满载而归的五彩贝壳和洋溢着的笑脸，再想想自己两手空空，看着隐约传来痛楚的伤口，心里十分难过，忍不住哭了起来。

小女儿的哭声惊动了母亲。母亲便进屋来安慰她。母亲轻抚着她的额头，轻声安慰道：“是不是因为看见姐姐满载而归、自己却一无

所获而感到伤心？”

小女儿揉着微肿的双眼，点了点头。母亲又说：“知道为什么吗？”女儿又摇了摇头。

母亲语重心长地说：“你太心浮气躁了。你们两人去沙滩捡贝壳，姐姐满载而归，而你却一无所获，因为姐姐不会像珠宝商鉴定珠宝那样用挑剔的眼光审视每颗她所看见的贝壳。她看见美丽的，可爱的，就会拾起来纳为己有。她不会只盯着一种或几种贝壳，各式各样的都多多少少地占有一些。她的目标是实实在在的。而你两手空空，寻觅许久却一无所得，因为你总想找一颗你心目中最美丽、最稀罕的贝壳，这种不切实际的幻想最后只能化为‘孤独’、‘茫然’。”

爱默生曾经告诫过我们：“把你的人生之车系在遥远的星辰上。”这并非指一个人的目标越远越好，而是说人生的目标应当像星辰一样，永远那样清晰闪亮，闪耀在头顶的上空。追求如大海行船，受灯塔指引，就能顺利到达目的地。若是被海市蜃楼所迷惑，则会迷失航向，不知所终。所以，切莫好高骛远，应该珍惜我们周围的事物，从我们的身边开始追求成功的契机。

老子曰：“合抱之木，生于毫末；九层之台，起于累土；千里之行，始于足下。”荀况《劝学篇》里说：“故不积跬步，无以至千里，不积小流，无以成江海。”一切远大的志向都是从基础开始的，一切目标都应是经过考虑、切合实际的。

在我们的周围，仍然存在着许多沾染有好高骛远坏习惯的人。有的人大学一毕业就希望能获得高薪，对找到的工作不甚满意，总是不断跳槽，而不愿去考虑如何做好眼前的工作；有的人希望能成为一位知名的成功者，却又不愿意付出努力，只是每天幻想能有“天赐良机”出现在他面前；有的人总是不断地制定计划，在最初设想得十分完美，但是当真正行动起来时，才发现原来目标太大，计划只能变成空话；有的人天天梦想着自己能干大事，干一番轰轰烈烈的惊天动地的大事，对于一些常规性的工作不屑一顾，认为做这些工作是委屈了自己，未让自己的才能得到发挥……

这一切事实上都是不切实际地幻想的表现，他们不断地追求着镜中月、水中花，整日做着不切实际的梦，这就注定了他们的失败。一屋不扫何以扫天下，拿幻想当理想的人注定一事无成。

我们树立抱负和理想，既要基于现实，又要超越一般标准。太难和太容易的奋斗目标，都不会激发人们去实施的热情。而对自身具有一定挑战性，同时又能使自己相信能够完成的目标，就是最完美的理想。

14 使自己具有无可替代的价值

在一次讨论会上，一位著名的演说家没讲一句开场白，手里却高举着一张 20 美元的钞票。

面对会议室里的 200 人，他问："谁要这 20 美元？"一只只手举了起来。他接着说："我打算把这 20 美元送给你们中的一位，但在这之前，请准许我做一件事。"他说着将钞票揉成一团，然后问："谁还要？"仍有人举起手来。

他又说："那么，假如我这样做又会怎么样呢？"他把钞票扔到地上，又踏上一只脚，并且用脚踩它。而后他拾起钞票，钞票已变得又脏又皱。

"现在谁还要？"还是有人举起手来。

"朋友们，你们已经上了一堂很有意义的课。无论我如何对待这张钞票，还是有人想要它，因为它并没贬值，它依旧是20美元。人生路上，我们会无数次被自己的决定或碰到的逆境击倒，我们觉得自己似乎一文不值。但无论发生什么，或将要发生什么，在上帝的眼中，你们永远不会丧失价值。"

尼克松当总统期间，白宫几次进行权力变动，更换了很多人的职务，但基辛格始终保有一席之地，而且是个很重要的席位。这并不是因为他是美国最好的外交官，也不是因为他与尼克松私人关系密切，更不是因为他俩有共同的理想和政治观点，而是因为他涉足政府机构内的领域太多，他在白宫的地位几乎是独一无二、不可或缺的，没有他会导致极大的混乱，其后果将不堪设想。

文艺复兴时期，一个画家是否能够出人头地在很大程度上取决于能否找到一个有实力的赞助人。

米开朗基罗很幸运，他找到的赞助人是教皇朱里十二世，一次在修建大理石石碑时，两人的意见得不到统一，激烈地争吵起来，米开朗基罗一怒之下扬言要离开罗马，去寻找其他的赞助人。

这时，大家都认为教皇一定会赶走米开朗基罗，但事实恰恰相反——教皇非但没有责怪米开朗基罗，还极力请求他留下来。因为他清楚地知道米开朗基罗的能力绝对是独一无二的，他一定能够找到另外的赞助人，而他永远无法找到另一个可替代米开朗基罗的人。

以上两个案例中，基辛格的能力是分散的，他让自己涉足白宫的多个部门，在诸多领域中都发挥着自己独特的作用，而米开朗基罗是颇有名望的艺术家，他有着超人的才华，在他的领域中，无人能比，可是他们有一个共同的特点，那就是，他们都将能力的王牌紧紧地握在手里。

现代商业社会竞争激烈，有的人频繁地变换着工作，因为他们手中没有一张王牌！所以，没有哪家领导重视他们，所以他们对现状总是不满，他们总是在职场中难以找到自己的位置。

当然，很少有人能有基辛格、米开朗基罗那样的成就。但是，我们可以培养一项自己突出的能力，这也可以让自己不可替代，并让自己的地位更加稳固，让一切都在自己的掌握之中，立于不败之地。

15 别总为自己的消极等待找借口

时间有限，生命有限。我们所能做的就是积极地面对人生，在有限的时间和生命里充分利用每一分钟，绝不拖延，绝不为消极等待找借口，以达到单位时间所能发挥的最大功效。把握生命中的每一分钟，哪怕只是一分钟的积累，在达到一定的量之后也将发生质的飞跃。

很多年轻人的口头禅是，等到明天，或者等到某天，我们就……表面上看好像是因为时机不成熟才将事情往后拖一下，但实际上这只是掩盖自己消极心态的一种借口。改变坏习惯，我们必须从今天就开始行动，立即行动，而不是寻找任何的借口逃避，这样的人才能最终赢得胜利女神的垂青，才能达到想要的结果。

人们在一生中，有着种种的憧憬、种种的理想、种种的计划，如果能够将这一切的憧憬、理想与计划，迅速地加以执行，那么人们在事业上的成就不知道会有怎样的伟大。然而，人们往往有了好的想法、决心和计划后，不去迅速地执行，而是一味地拖延，以致让一开始充满热情的事情变得冷淡下去，使决心和热情逐渐消失，使计划最后破灭。

有的人身体有病却拖延着不去就诊，不仅身体上要遭受极大的痛苦，而且病情可能恶化，甚至成为不治之症。改变一个坏习惯也是如此。一个坏习惯会对个人的成功、健康等方面产生很大的阻力和危害，而一旦拖延改变的时机，只会让坏习惯更加根深蒂固，更难被改变，因而产生的危害也就更大。

洛克菲勒曾说道："不要等待奇迹发生才开始实践你的梦想。今天就开始行动！"

"立即行动"，这是一个成功者的格言，也是撷取丰厚硕果的最重要条件。

迈克尔·戴尔 1965 年出生于休斯敦，他的父亲是一位牙医，母亲是一个经纪人，因此，他们结识了许多中上阶层人士。这也使得小戴尔能有机会经常与那些人士接触，通过与那些人的交往，小戴尔懂得了许多新鲜的东西，其中也包括电脑。

为了不辜负父母对他的一片期望，戴尔在 1983 年进入了得克萨斯大学，成为一名医学预科生。但事实上他只对电脑行业感兴趣，很想大干一番。18 岁的大学新生迈克尔·戴尔开着卖报纸赚钱买来的白色宝马汽车去报到，后座上摆着三部个人电脑，在得克萨斯大学奥斯汀分校不足一年的就学时间里，他凭借着给别人的电脑升级积累了知识、技能和最初的一点点财富。本着“直销顾客”的信念，戴尔公司以1000美元的注册资金，在一间大学生宿舍里成立了。

1993年，戴尔公司已壮大成为年销售额达20亿美元的电脑界“黑马”，成长率高达127%，但如此超速的成长也给28岁的迈克尔·戴尔和他的公司带来了一系列致命的问题。但最终秉持着“摒弃存货、倾听顾客需要、坚持直销”的三大黄金法则，戴尔终于扭转了乾坤。

如果没有从今天开始行动的精神，那年轻的戴尔就不会用在集邮杂志上刊登广告，赚取的第一个2000美元购买了他的第一台电脑；读高中时的戴尔就不会通过向新婚夫妇赠阅报纸来征集新订户，赚到了18万美元，购买了他的宝马汽车；大学时的戴尔也不会因为看到了电脑市场，而在宿舍中成立了电脑公司。如果他总为自己找各种各样的借口而不是立即行动，那一切都是幻想，都不会成为现实。

古人有诗言道：“明日复明日，明日何其多，我生待明日，万事皆蹉跎。”今日的理想，今日的决断，今日就要去做，一定不要找借口拖延到明日，因为明日还有新的理想与新的决断。

最后，请在心里告诉自己：我要抛弃一切消极的心态，就从今天、从现在就开始行动！

16 没有谁的命运是被注定的

在面临巨大打击和失落的心理落差时，很多人会说“这是命运的安排”，于是自怨自艾、自暴自弃。说句不好听的，这是典型的懦夫。真正的强者从不相信自己的命运是被注定的，他们会把眼前的不幸当作一个新的起点，在厄运面前仍然可以昂首向前，他们精神不倒，命运最终在他们面前俯首称臣。

所谓生存的境界，往往在你最困难的时候才会体现得淋漓尽致。春风得意时谁都可以昂首阔步，但厄运来临时可以昂首阔步的人才是真正的勇士。

偶然的一次命运中的挫折不应该成为我们停滞的理由。在逆境时抬起头来傲视一切比在顺境中做到这一点更加艰难，也更弥足珍贵。只需你将厄运看轻，就没有什么可以阻挡你的视线。

其实，做人就应该这样：当无事时，应像有事时那样谨慎；当有事时，应像无事时那样镇静。因为在漫长的旅途中，实在是难以完全避免崎岖和坎坷。

只要出现了一个结局，不管这结局是胜还是败，是幸运还是厄运，客观上都是一个从头再来的机会。

贝多芬早在27岁时就开始初发听力障碍了。开始是左耳，后来右耳也患疾。随后他的听力逐步衰退，52岁时已无法从事演奏和指挥，那时他全聋了。

耳聋对这位天才的音乐家是个致命的打击，因此，他曾经产生过自杀的念头。然而，他那钢铁般的意志终于改变了人生观，他说："我要扼住命运的咽喉，决不许它毁灭我！"所以，在听力衰退的22年里，他曾使用了各式各样的工具来帮助听力，包括一些喇叭形的助听器。然而这类助听器对于辨别声音的能力并没有太大的帮助，因此，他就自己设计了一些有一条额带可以固定在头部的喇叭形助听器。有时他还使用一支木质的鼓槌，一端咬在上下牙之间，另一端则附在钢琴上，这样声音的振动可以沿着鼓槌而到牙齿，再传经头骨入耳内。

贝多芬耳聋以后，他对学习和创作更加勤奋，对时间也倍加珍惜。为了让艺术的火花永不熄灭，他每天都要长时间地练习弹琴，弹得多了，手指发热，他就在琴旁的凉水盆里泡一泡接着再弹，不知不觉中，多少个时辰过去了，被撩在地板上的水积少成多，最后竟从地板缝漏到了楼下的屋子里……

正是在与命运的顽强搏斗中，贝多芬成功地创作了一曲曲不朽的名作。当耳聋逐渐变化时，却正是重要作品产生的时期：1801年的《月光奏鸣曲》；1804年的《第三（英雄）交响曲》；1806年的《第四交响曲》、《热情奏鸣曲》；1808年的《第五（命运）交响曲》、《第六（田园）交响曲》。这些重要的作品几乎都是完成在他与世俗噪声隔绝的世界里。贝多芬的伟大正在于此！

"我要扼住命运的咽喉，它绝不能随意摆布我。"这是贝多芬的铮铮誓言，正是对命运的不屈精神，成就了音乐史上这个伟大的人物。我们的心中，是否也有这样的呐喊？

当你听到贝多芬创作的经典名曲时，令你震撼的也许更应该是贝多芬对厄运、对人生的深刻思考。

17 该躲的躲，该扛的扛

一个朋友曾经说过：人都是自私的，趋利避害是人永不改变的天性。这句话看似有些极端，但也不无道理。没有谁会无缘无故地把黑锅背到自己身上，除非脑子有问题。该躲的时候就躲一躲，正当的“避害”无可厚非。但如果确实是自己责任，就不能一味地想着怎么躲了，该扛的就要扛起来，做人就要堂堂正正地去做，这样才能受到他人的尊敬。一旦养成了逃避责任的心态，就会不断为自己的错误寻找借口，这样做只会使你做人越来越失败。

承认错误就代表你会努力改过；而推脱责任，则表示你还要继续粉饰你的错误。借口推脱的习惯，会把你推到失败的边缘。

每个人都可能出现失误，如果你能够大声地说：“我对这件事负责！”然后再想办法补救，别人就会对你信心大增；相反，如果你只是一味地逃避责任，用诸多理由来为自己卸责，渐渐的，你就会陷入一种恶性循环：借口——失败——借口，逃避——懦弱——再失败，悲哀地陷入万劫不复的困境。

我们可以从以下两个事例中，看看主动承担和借口推脱的习惯给人带来的影响：

事例一：3个月试用期的第一个月，陆亨所在的销售部门就出了一起生产责任事故：因为工作安排失误，顾此失彼，错过了一批货物发货的最佳时机而给公司带来了2万元的经济损失。损失虽然不大，但按照公司的规定，是要追究责任的。

在处理这件事的会议上，陆亨客观地分析了发生这次事故的原因，主动承担了自己应该承担的责任，并且对以后如何避免这种情况的再次出现提出了自己的意见。

他积极的态度赢得了公司领导层的信任。所以他顺利结束了自己的试用期，也为自己在公司的下一步发展奠定了良好的基础。

事例二：任同做事干练果断，有一股子冲劲。到这家中德合资公司上了半个月的班后，经理让他参加与一个大客户签单，意图很明显：给他历练的机会。

签单前，对方征询任同这方对项目还有何建议。其他人都摇头，只有任同站起来发表意见，指出对方在协议书上的多处无关紧要的瑕疵，其实这些小细节并不会给公司带来不良影响，但他的语气很尖锐，让对方代表几乎都坐不住了，最后大家不欢而散。

任同出言不慎，最终导致谈判失败，经理非常生气。

事后，任同找到经理为自己百般找借口，说自己指出协议书“不完美”的地方是为公司着想，并没有犯错；自己语气尖锐是因为对方有意欺骗公司，自己对对方的行为非常气愤……经理更加生气，当即宣布任同结束试用，提前走人。

初入社会的新人，犯错不可怕，可怕的是对错误不能正确认识。如果你是因为业务不熟悉而犯错，除了承认之外，向部门领导和“老

同志”多多请教是最好的办法。如果因你而失去了客户，这时你更要诚恳地检讨自己的言行，承认自己的错误。千万不要犯了错误还拼命找借口，那样人家就该怀疑你的人格了。

英国人哈罗德·埃文斯曾经说过这样一段话：

“对我来说，一个人是否会在失败中沉沦，主要取决于他是否能够把握自己的失败。每个人或多或少地都经历过失败，因而失败是一件十分正常的事情。你想要取得成功，就必须以失败为阶梯。换言之，成功包含着失败。关于失败，我想说唯一的一句话就是：失败是有价值的。

正因为如此，我才敢于对自己的错误负责。这么说，并不是指我必须受到责备，也不是指我会承认自己有罪。不，失败从来就不是什么罪行。而我敢于对自己的失败负责，只是表示承认这种失败是由于我个人的原因而造成的。这也是一种责任心。如果我千方百计地为某次失败寻找各种各样的解释，如果我绞尽脑汁地试图证明某次失败是正当的，或者，如果我觉得失败是有害的，我就会失去这种责任心。一旦失去了这种责任心，我就无法取信于人，甚至无法取信于自己了。而一旦能容纳自己的失败，我就会变得比失败更强大。”

任何一个人在追求人生胜局时，都不可能一帆风顺，必然要面临很多事关利害的抉择，何去何从，一定要细思量，该躲的躲，不该躲的就勇敢地扛起来，这才是做人的王道。

18 成大事很大程度上在于对过程的坚持

我们已经知道了通往成功的道路不会一帆风顺，这是一个艰难曲折的过程，总会有一些意想不到的麻烦来捣乱。大多数情况下，很多人之所以失败并不是因为他们弱小，也并非能力不足，真正原因是他们没有能把这个过程坚持到底。所谓“人贵有恒”，无论发生什么都能坚持到底的恒心的确是一个人难能可贵的品质。

恒，《辞海》释义：长久；恒心，乃长久不变的意志。苏轼在《晁错论》中说：“古之立大志者，不唯有超世之才，亦必有坚韧不拔之志。”意思说的就是自古能建功立业之人，不仅有超凡的才能，也一定有坚韧不拔的意志。

明代药圣李时珍为写《本草纲目》，熟读了800余种书籍，攀悬崖，涉溪流，走遍了大江南北，历时27年，在他61岁时，终于写成了一部近200万字的药书《本草纲目》。明代杰出的思想家李贽，少年立志求学，由于家境贫寒，不得不四处谋生，51岁当上云南姚安知府，三年后离任时“囊中仅图书数卷”。他在湖北麻城龙湖的芝佛院定居下来，专心治学。在近20年时间里手不释卷，终于写出了《藏书》、《焚书》等不朽著作。在《藏书》中，他以犀利的目光和实事求是的态度，给我国战国到元朝末年的800多个历史人物立了传。他认为秦始皇是“千古一帝”，武则天是“有才干”的政治家，卓文君与司马相如的“私奔”是大胆追求幸福等。由于这些见解和当时封建统治阶级的说教针锋相对，因此李贽取书名为《藏书》，意思是“藏之深山，以待后世”。可以说，没有恒心就没有流芳百世的《本草纲目》和《藏书》。

恒心不是誓言，而是一种品质，是从点滴养成的。古希腊大哲学家苏格拉底就特别注意培养学生的恒心。有一年开学的第一天，他对学生们说：“今天咱们只学一件最简单也是最容易做的事儿。每人把胳膊尽量往前甩，然后再尽量往后甩，每天做300下。大家能做到吗？”学生们都笑了。这么简单的事，有什么做不到的。过了一个月，苏格拉底问学生们：“每天甩手300下，哪些同学坚持了？”有90%的同学骄傲地举起了手。又过了一个月，苏格拉底又问大家，这回坚持下来的同学只剩八成。一年后，苏格拉底再一次问：“请告诉我，最简单的甩手运动，还有哪几位同学坚持了？”这时，整个教室里只有一个人举起了手。这个学生就是后来成为古希腊另一位大哲学家的柏拉图。

由此看，恒心成就事业，它像能穿石的水滴、能砺剑的磨石、能登高的云梯。而惰性和自卑则是恒心的销蚀剂，它能使恒心渐渐减弱直至荡然无存。毛泽东青年时期在湖南师范求学时，曾写过一副自勉联：“贵有恒，何必三更起五更睡；最无益，只怕一日曝十日寒。”不少人开始干一件工作时，信心很足，劲头很大，甚至饭不吃觉不睡。可是时间稍长就坚持不下来了，稍遇困难便打起了退堂鼓，往往是雷声大，雨点小。常立志，而不是立长志，结果虎头蛇尾、功亏一篑。德国物理学家普朗克1900年提出一个把能量量子化的新假设——谐振子能极。这个假设本来是可以为现代物理学奠定新基础的，可是当遭到一些权威们的嘲讽，以及实验中遇到困难时，普朗克竟然打了退堂鼓，放弃了他的假设，十分令人惋惜。直到五年后，这个假设才由年轻的爱因斯坦肯定并予以发展。居里夫人曾感慨地说：“我们必须有恒心，尤其要有自信力！我们必须相信我们的天赋是要用来作某种事情的，无论代价多么大，这种事情必须做到。”

恒心是建立在崇高目标的基础上的。高尔基说：“一个人追求的目标越高，他的才力就发展的越快，对社会就越有益。”毛泽东以救国救民为己任；周恩来为了“中华崛起而读书”；鲁迅为救国而毅然弃医从文；巴尔扎克要用笔征服全世界……有远大的理想，有明确的目标，才能立志勤勉，持之以恒，勤学不怠，取得辉煌的成就。让我们向这些伟人们学习，记住“贵有恒”这句名言，用坚韧不拔的毅力，战胜一切困难和干扰，向着既定的目标奋勇拼搏吧！

19 信念的坐标不能随风摆动

世界上只有一种指示标是随风而动的，那就是风向标。

如果将风向标比喻做人生，你就会发现它很累，六神无主、无所适从——它永远在风的控制下忙忙碌碌、摇摆不定。

对于像风向标一样生存的人来说，人言、专家的论断、众口铄金的定律、游戏规则以及当下的潮流、市场形势等都是不可抗拒的，他

们会在这些影响下随波逐流，而没有自己真正的方向。

但是拥有自己信念的人，却有着一个不可动摇的坐标。他们有自己的方向，决不会摇摆不定。

信念守恒的人，始终如一，孜孜不倦，他们从不为潮流所迷惑，而是步步为营，永不停步地照着自己的目标努力。

风向标式的人则很容易被人言所改变或击倒。

有个年轻人来到集市上，买了一只山羊，他牵着羊，走在街上。

几个骗子看见了，其中一个对他说："你牵着这只狗干什么？"

"别开玩笑，这是一只山羊。"

他牵着没走几步，迎面又过来一个骗子。

"你为什么牵着狗哇？你要这狗干吗？"

"这是山羊！"他冒火了。

不过，他开始动摇了：会不会真是一条狗呢？他低头看看这只长着黑胡子的东西，狐疑：狗？这明摆着一只山羊嘛！不过……

又走了几步，他听见有人在喊："喂，小心，别让这条狗咬着！"

"天哪，我真糊涂！"这人终于大叫起来："我怎么会把它当成山羊买来啊！"他信了骗子的话，把山羊扔在大街上了，那几个骗子捉住山羊，吃了一顿烤羊肉。

当然，这是一个故事。但现实生活中常常会有这种情况：你要做一件事，拿到了一个好项目，决定做下去，然而，身边的人一致认为"不保险"、"不可为"。于是，你相信了他们的话，结果是你把一只肥羊当做瘦狗放掉了。

正所谓众智成愚，意思就是说，当你没有自己坚定的信念，而随别人的意见左右摆动时，只能让很多本来可行的事，莫名其妙地变成了"不行"。

我们生活中有很多这样的人：小学一年级时小小班头儿，中学时的团支部书记，毕业后处长、局长、市长……一路攀升到人生的制高点。

其实他的成长很可能只是源自孩童时老师的一句赞扬。

老师表扬他是："好样的，全班的带头人！"

大人都夸他："这孩子将来一定当大官儿！"

他得到一种来自方方面面的"高标准，严要求"，他知道自己必须做得更好，将来才能"当大官"。

他觉得自己与众不同，有一种矢志不渝的信念，而这信念约束着他的言行，也督促着他的上进心，直到他一步步走向成功。

当一种信念逐渐演化成一种优良的习惯品质时，无论到任何时候，遇到什么样的挫折，他都不会改变。10年，20年，他永远是这个样子：积极上进、永不放松。

纽约州的州长罗尔斯说过："信念是免费的，人人都可以获得。"

罗杰·罗尔斯这位纽约州历史上第一位黑人州长，却是出生在纽约声名狼藉的大沙头贫民窟。在这儿出生的孩子，长大后很少有人获得较体面的职业。因为在大多数纽约人的眼中，这里的黑人，不是抢匪就是流氓。然而，罗杰·罗尔斯却是个例外，他不仅考入了大学，而且成了州长。在他就职的记者招待会上，罗尔斯对自己的奋斗史只字不提，他仅说了一个非常陌生的名字——皮尔·保罗。后来人们才知道，皮尔·保罗是他小学的一位校长。

1961年，皮尔·保罗被聘为诺必塔小学的董事兼校长。当时正值美国嬉皮士流行的时代。他走进大沙头诺必塔小学的时候，发现这儿的穷孩子比"迷惘的一代"还要无所事事，他们旷课、斗殴，甚至砸烂教室的黑板。当罗尔斯从窗台跳下，伸着小手走向讲台时，皮尔·保罗说："我一看你修长的小拇指就知道，将来你是纽约州的州长。”当时，罗尔斯大吃一惊，因为长这么大，只有他奶奶让他振奋过一次，说他可以成为5吨重的小船的船长。这一次皮尔·保罗先生竟说他可以成为纽约州州长，着实出乎他的意料。他记下了这句话，并且相信了它。从那天起纽约州州长就像一面旗帜，在他的生命中高高飘扬。他的衣服不再沾满泥土，他说话时也不再夹污言秽语。他开始挺直腰杆走路，他成了班主席。在以后的40多年间，他没有一天不按州长的身份要求自己，并用自己的高尚行为处处影响黑人们的的生活习惯。51岁那年，他真的成了州长。

他在就职演说中说：“在这个世界上信念这东西任何人都可以免费获得，所有成功者最初都是从一个小小的信念开始的。”

历史上农民起义领袖陈胜一句“王侯将相宁有种乎？”给后人无穷无尽的启迪。两千多年来，不知有多少没有根基的人，始终坚持这种信念成为影响一个时代的“王侯将相”。所谓“种”，对于现代人来讲，其实就是一种在坚定的信念支配下的精神与行为。

有了这种坚定的信念支持，你的人生就有了恒久的动力，它指引着你走向成功。

20 逆风更容易飞翔

开过飞机的人都知道，逆风的方向最容易保持飞机的飞行状态，并且比顺风的方向更加省油。逆风竟然可以成为一种动力。遗憾的是，在人生的成长道路上，我们很多人都忽视了这个道理。因为生存环境差、个人起点低，有的人便认定自己会一辈子无所作为，于是，有意无意间，便用一个很低的自我定位，把自己所有的潜能都封存起来，并振振有词地把自己的一事无成归咎于环境、起点。

实际上，这完全是消极的心态在作祟。无论你身处逆境或顺境，消极被动的心态都会使你慢慢丧失活力与创造力。

有两个师范院校毕业的朋友，一个被分配到某所山村小学当老师，另一个却幸运地分到了城市小学任教。被分配到山村小学的A，抱怨自己的命不好，山村里信息闭塞，文化生活单调，吃的用的差，同事水平低，他的雄心壮志被磨得一点都不剩。他开始把课余时间消磨在麻将桌上，上课之前懒得备课，整天琢磨着怎么能调进城。一次教育局局长突然来听课，没有任何准备的他，被开除了。他难过地想："如果当初我分在城里，那我一定会努力的，说不定现在已经是教学骨干了！"被分到城里的B也下岗了。因为自从到了城里后，他与领导同事相处得不错，工作轻松、工资优厚，他觉得就这样过一辈子挺不错。他不再钻研教学方法，不再认真备课，很多孩子都把他叫做“催眠大师”。一段时间后，学校引进竞争机制，B被淘汰了。他想：如果当初我被分到农村，那就一定会努力学习，争取早日进城，而现在我却变成了被温水煮熟的青蛙！

看出这两人的问题了吗？是他们自己把消极被动的种子种在了心中。其实环境是不能成为他们消极被动的借口的。一个人一旦养成了消极的习惯，那么处于顺境便盲目满足、放弃努力，遇到成功便自我满足、停滞不前；处于逆境便轻易退缩、灰头土脸，遇到困难便轻言放弃，怨天尤人。这就是消极的种子最容易破土发芽的环境。

无论身处什么样的具体环境，一旦养成了消极被动的工作态度和习惯，就很容易不思进取、目光狭窄，慢慢地丧失活力与创造力，忘记了自己当初信誓旦旦的人生信条与职业规划，最终将走向好逸恶劳、一事无成的深渊。而最可怕的是生活态度的消极。工作上的消极、失败与无望，必然会对人的其他方面产生非常可怕的负面影响。想想看，一个人，消极地面对世界，满眼的灰色，为周围的朋友同事所不屑，该是多么的可悲！

环境，怎样是好？怎样是坏？标准并不在环境本身，而在于人如何自处：置身其间，不迷失自己，保持积极主动的精神，这样的环境再“坏”也是好环境，反之，再“好”的环境也是坏环境。顺境或逆境都不能成为消极被动拉低自我定位点的借口。

21

认准了就坚持到底

很多年以前，一艘英国商船沉没于马六甲海域。这艘从广州驶出的船上载满古老中国的丝绸、瓷器及珍宝。

后来一位名叫鲍尔的人偶然从资料上获此信息，便下决心打捞这艘沉船。他在深黑的海底摸索了漫长的八年，探寻了七十多平方公里的海域，终于找到了海底的宝物。

打捞沉船是一项耗资巨大的工作，刚进行了30天，就用去几万元，两位最初的合伙人认定无望而离去。之后没有一个合伙人能坚持得更久，其中有一位鲍尔的好友，几次加入又几次离去，并一次次劝说鲍尔放弃这疯狂的念头。

事后鲍尔说他其实一直有放弃的念头，每次精疲力竭地从海底潜回时他都想永远不再下去了。他甚至怀疑早年的记载有误，而且八年来他已耗尽巨资债台高筑，但他终于坚持到了成功的这一天。

八年漫长的海上苦苦追寻，对人的意志无疑是一场磨炼。那种孤独和无边的茫然，相信这个世界上没有多少人能够坚持下来。所以，世界上做大事成功的比例总是很小。

坚持是一条不归路，踏上去就永远不要回头。无论身后的嘲笑声

多么响亮，你只管沿着正确方向，大步向前。

成功无不是坚持到底的结果。在这个众说纷纭的世界里，只有成功才能让周围的人闭上嘴巴，只有成功才能证明你是正确的。

与其半途而废，莫不如当初不作此打算，劳神又伤财。

“二战”期间，美国有位叫史密斯的海军上尉，他是个专业精神很强的人，而且也很执著。在打靶训练时，他发现他的队长用来打靶的新方法很好，用来训练炮手也一定能收到极好的效果，并且还能节省不少炮弹。于是，他写了一封信建议上司采用，但他的上司对于这个意见毫不感兴趣，未予批准。没办法，他便又大着胆子写信给更高的长官，但他的提议仍被驳回。这样他依次申请上去直到海军部长，仍是到处碰壁，始终未被采纳。最后，他索性冒着极大的危险，直接写信给罗斯福总统了。

他这是一种极大的冒险行为，因为依当时的军法，一切下级军官的公文，必须交于直属的上级，然后由那位上级再依次转交上去。现在史密斯竟然直接写信给总统，是犯了严重的藐视上级罪。

他并非不清楚其中的利害，他很有可能被撤职，甚至坐牢。但是，他觉得既然是正确的，就要敢于坚持到底，中途放弃，只会被人瞧不起。

罗斯福总统很重视史密斯的这个意见。他立刻把那位上尉召来，给了他一个机会，当场试验他的意见对或不对。

他们在沿海某处圈定了一个目标，先令军舰上的炮手沿用老法开炮打靶，结果打了大批炮弹，却一次也没有击中；而采用新方法效果却截然不同，如此一来，证明了史密斯的主张正确。罗斯福因此对他大加赞赏。

史密斯上尉的成功完全是执著的成果。

假如他在中途退缩了，就等于承认了藐视上级的罪名成立。那么，这位后来的功臣就可能被判入狱而成为罪犯！

如果你认为自己是正确的，那么请坚持到底，不要理会身后的嘲笑有多么响亮。

22 正视比逃避更能赢得生存的机会

成功学家尼古拉斯·B·恩克尔曼曾为学员们上过一堂别开生面的成功课。在上课之前，他告诉学员这堂课的主讲人是一位“真正的成功者”。当尼古拉斯把那位先生介绍给学员时，学员们不禁有些失望，这位所谓的“成功者”不过是个退休的老水手。他头发花白，满脸刀刻般的皱纹，靠微薄的退休金生活。如果以金钱和地位衡量，老水手确实不能算成功人士，不过谁也无法否认他是一位成功的水手。他一生中不知经历过多少生死攸关的时刻，但全都凭着自己的勇气和经验化险为夷，这样的人无疑是值得尊敬的。不管他的航海经验对学员们的成功有没有帮助，至少他们不反对听他讲讲海上的惊险历程。

当老水手谈到海上的风暴时，尼古拉斯问学员们：“假设你们就是水手，当你们的船行驶在海上，突然遇到风暴，而你们一时又找不到停靠的港湾，你们会怎么办呢？”一位学员想了想，回答说：“我会立即返航，把船头掉转一百八十度，尽量远离风暴圈，我想这应该是最安全的方法了。”

老水手听了直摇头：“这样更危险，因为你的船不可能快过风暴。掉头返航，风暴还是会追上你的船，你这么做反而延长了你和风暴接触的时间。谁都知道，在风暴圈中呆的时间越长就越危险。”

另一位学员说：“那么，我把船头向左或向右转九十度，能不能偏离风暴圈呢？”

老水手还是摇头：“还是不行，以船的侧面去面对风暴，增加了与风暴圈接触的面积，很容易翻船。”

学员们再也想不出别的办法来了，于是问老水手：“既然这些办法都不行，那么你是怎么做的呢？”

老水手说：“办法只有一个，就是稳住舵轮，让你的船头迎着风暴前进！只有这样才能尽量减少与风暴接触的面积，同时由于你的船与风暴相对行驶，两者的速度相加，可以缩短与风暴圈接触的时间。你很快就会冲出风暴圈，重新看到一片阳光明媚的晴天。”

“这就是成功学理论中最精彩的部分！”尼古拉斯对学员们说：“我们面对的各种压力就像海上的风暴，当退却和避让都无济于事时，克服它的最好办法就是迎着它前进。”

常言道：长痛不如短痛。当我们遇到一件很棘手而又不得不做的事情时，最好的办法是尽量“缩短与风暴圈接触的时间”。与其长吁短叹、消极怠工，不如迎难而上，用最快的速度把问题解决。

那么，怎样才能做到这一点呢？

一般来说，压力的来源是多方面的，并不是由单一的问题产生的，但是主要的压力源往往只有一两个。因此我们在处理复杂问题时应该先抓住主要问题，逐一解决。如果眉毛胡子一把抓，很可能越抓越乱，最后反而徒增新的压力。

一位海军飞行员说，他以前很怕把飞机降落在航空母舰上，因为每样东西都在摇晃：甲板起伏不定，海面上浪花涌动，飞机也在摇摆。要把他们都固定下来简直不可能。后来一位老飞行员告诉他："降落其实很简单。在甲板中央有个黄色的降落记号，你把那个记号当做唯一固定的东西，除了这个记号，其他任何东西都不必管它，然后对准它一直飞过去就行了。"

这是一句值得借鉴的箴言。只有专心致志才能以最快的速度解决问题。随着问题的解决，问题所带来的压力自然也就消失了。另外，如果你心无旁骛地面对主要问题，其他问题就被你暂时淡忘了，无形中也起到了缓解其他压力的作用。

只能靠意志，靠积极的自我暗示，发挥积极的心态，挖掘自己的潜能。

当你初步领会了提高个人情商的道理时，你便会有一种自信和主动改变自己的愿望。但这时候，你的潜意识并没有得到改变，那么你的选择和行为依然是消极的，或者是浅尝辄止，顾此失彼的，难以达到预期的效果。在这种情况下，唯有以高度的自觉和顽强的意志，坚持心理上积极的自我暗示，才会突破难关，开创新局面，从而显示出积极的自我暗示所具有的重塑新我的魔力。

23 找工作首先要找一个好老板

要想找到称心的好工作，要想让自己的职业生涯有一个良好的开端，首要的事情就是给自己选个好老板。所谓磨刀不误砍柴工，只有跟着有眼光、有才具、能用人的好老板，才能让自己的才具有发挥的舞台。古语有云“良禽择木而栖”，一个有抱负、有理想的人是不会随随便便找个老板就跟着他干的，跟对了人事半功倍，跟错了人就会走很多弯路。

三国时的名将赵云，曾经跟过三个“老板”。生于汉室倾颓的乱世，对于自己的人生定位，以及凭何安身，借何立命，他有着明智的理性思考。汉伏波将军马援从君臣双方的角度说过一句话：“当今之世，非但君择臣，臣亦择君。”君主并非人人可做，对于这一点，赵云非常清楚。他从一开始就为自己定下了人生目标，就是要做辅佐名君的良将，决意横枪立马，效命疆场。至于建功立业，英名著于千秋，则并非他所刻意追求。那些不过是水到渠成，自然而然的产物。

赵云投奔的第一个“老板”是袁绍，袁绍这人是个绣花枕头，表面文章做得都很漂亮，“看上去很美”，但其实是个草包。郭嘉曾经说过袁绍有“十败”，就是有十个致命的缺点。更重要的是，这个人不是心怀天下的人，而是乱臣，曹操很早就说过“乱天下者必袁氏兄弟”的话，说的就是袁绍、袁术两兄弟。赵云觉得袁绍无忠君救民之心，遂弃之往投公孙瓒。

在前往公孙瓒的途中，在磐河附近的山坡，赵云恰遇公孙瓒与袁绍交兵，公孙瓒战败，被袁绍部将文丑追杀得狼狈不堪。于是赵云飞马挺枪，杀走文丑，救了公孙瓒，并投其麾下。后来公孙瓒兵败势危，赵云保公孙瓒突围而走。袁绍驱兵追赶，被前来救援的刘备率军杀败。刘备一见赵云，就非常喜爱，舍不得放他走。等到公孙瓒与袁绍罢兵讲和，瓒军班师，刘备与赵云分别时，二人已是英雄相惜，彼此投缘。刘备执手垂泪，不忍相离。《三国演义》里写道：“云叹曰：. 某曩日误认公孙瓒为英雄；今观所为，亦袁绍等辈耳！ . 玄德曰：. 公且屈身事之，相见有日。. ”可见刘备也觉得公孙瓒不是英雄，他的失败是不可避免的，但是刘备没有马上挖墙脚，因为他和公孙瓒关系很好，两人既是同窗又是好友。

后来公孙瓒果然兵败身死。袁绍多次招纳赵云，赵云深知袁绍不是个好老板，在赵云的心中，已经认定刘备是自己的明主。而当时刘备却正栖身于袁绍处。赵云想投刘备，又怕袁绍见怪，只好四海飘零。天地虽大，却无容身之地。赵云听说张飞在古城，前去相投，在卧牛山杀了欲夺其马的裴元绍。刘备离开袁绍，会合关羽后，遇见周仓。周仓引刘备往卧牛山。赵云和刘备终于得以再次相见。二人心中大喜，各表衷言。《三国演义》写道玄德曰：“吾初见子龙，便有留恋不舍之情。今幸得相遇！”云曰：“云奔走四方，择主而事，未有如使君者。今得相随，大称平生。虽肝脑涂地，无恨矣。”自此，赵云方和刘备共处一室，始为一家。

刘备和赵云，都不是夸夸其谈，泛泛之辈。二人各有其志。刘备

素有大志，专好结交天下英雄。而赵云之志，是凭武艺立身。刘备深知欲成大业，须得良将辅佐；赵云同样清楚欲展武艺，须随明君，否则英雄也不会有用武之地。刘备和赵云的关系，从一开始就是英雄之间慧眼相识，惺惺相惜，互为倚重，相互依赖的关系。而当二人分开以后，彼此心中无不牵记对方。

子曰："君子易事而难说也：说之不以道，不说也；及其使人也，器之。小人难事而易说也；说之虽不以道，说也；及其使人也，求备焉。"

其大意是，孔子说："君子容易侍奉而难于取悦，用不道义的方法无法取悦他；到用人的时候，则唯才是用，绝无苛求。小人很难侍奉而容易取悦，即使用不道义的方法也能讨好他；一到用人，却苛求别人，总觉得别人这里不好那里不对。"

孔子给我们提了一条好老板的标准。什么样的老板是好老板呢?不喜欢别人奉承讨好，用人的时候不是看关系亲疏、个人好恶，而是看才能与工作是否相称，这样的人，容易侍奉，不难讲话，是个好老板。相反的，如果平时就爱听吹牛拍马，用起人来全看自己高不高兴，还巴不得手下个个是孔明，这样的老板就很难伺候。

汉高祖刘邦手下有个重要的谋士叫陈平，陈平原来是项羽那边的人，后来投靠了刘邦。据《史记》记载，他曾经帮刘邦出过六个奇计，其中有一计，是离间项羽和范增。刘邦当时批准了陈平的计划，并且给了陈平很多钱让他放手去做，这让刘邦手下很多将领犯了"红眼病"，于是就有人给刘邦打小报告说，陈平这个人，有生活作风问题，他"盗嫂"。盗嫂就是和自己的嫂嫂私通，这在以前是很严重的罪名。刘邦听了就把陈平叫过来说："我听说你盗嫂?"陈平马上明白是怎么回事，他把刚戴上的官帽摘下来，说道："汉王起用我，是看中我的才能，而不是我盗不盗嫂，我能不能离间项羽和范增才是评价我才能的标准，至于我盗不盗嫂，和汉王您有什么关系呢？如果您不能理解，我请求您解除我的官位，我把黄金原封不动地还给您。”刘邦马上意识到自己错了，给陈平道歉，让他继续放手去做事。陈平其实没有盗嫂，但他并没有去和刘邦解释，因为他知道刘邦这个人，能够做到海纳百川，而不会求全责备，事实证明他没有看错人。

由此可见，找一个好老板是多么重要。

24 工作是痛苦还是乐趣取决于你的态度

同样的一个工作岗位，为什么有人做得春风得意，有些人却是满面愁容？为什么那些春风得意的人总是成就卓著？而那些一天到晚满面愁容的人到最后总是一事无成？

我告诉你，影响这些结果的因素是一种叫做热爱的态度。

如果你不热爱你所选择的工作，那么想要真正把它做好几乎是不可能的。如果没有全身心地投入，那么当你遇上困难的时候，你就会放弃目前的工作并转而从事其他工作。

在这个世界上，最成功和最幸福的人是那些全心全意投入自己所热爱的工作、从而使之尽善尽美的人。

如果因为环境所迫，你毕业后不得不做些乏味的工作，你也要设法使工作变得充满乐趣。以这样积极的态度工作，你将得到意想不到的结果。工作可以让你从中获得经验、知识和信心。你的工作热情越高，决心越大，你的工作效率也就越高。当你充满热情地工作着的时候，工作就会充满乐趣，你再也不会把上班当成一件苦差事了，而别人也愿意聘用你来做喜欢的事情。

工作就是为了让自己获得更多的快乐！如果你把每天8小时的工作看作是在游戏，这是一件多么惬意的事啊！当你发现你把一项工作当成乐趣的时候，你就不需要再去更换工作了。而如果你觉得工作压力愈来愈大，工作对你而言只有紧张，毫无快乐可言的时候，那就说明你有些地方不太对劲了。要想从根本上解决这个问题，你必须要从心理上调整自己，否则换一万次工作也是枉然。

如果一个人能以精益求精的态度，火热的激情，充分发挥自己的特长来对待工作，那他做什么都不会感觉到辛苦。如果一个人鄙视、厌恶自己的工作，那他一定会失败。真挚、乐观的精神和不屈不挠的毅力是引导人们走向成功的磁石。无论你做的是什么样的工作，都要用100%的热忱去努力。这样，你就可以从平庸卑微的状态中解脱出来，劳碌辛苦将离你而去，你也不会再有厌恶的感觉。

有一些刚走上社会的年轻人常常抱怨自己所学的专业不对口，但是，要是你选择的专业与你的兴趣完全相反，当初你为什么要选择它呢？你为你的专业已经付出了几年的时光，这已经说明你是足够可以忍受这个专业的。

一个成功的人总是把工作当成一件快乐的事情，他还乐此不疲地把这份愉悦传递给别人，使别人愿意与你交往和共事。

工作能让你的精神健康，让你在工作中不断思考，工作将变得无比快乐。

只要心里想快乐，绝大部分人都能如愿以偿。快乐是一种心理习惯，一种心理态度。这种态度是可以加以培养发展起来的。假如你是一个电话接线生或是一个小公司的会计，你因每天都做着相同的工作，处理客户的来话、统计报表……而觉得生活单调无味到了极点。假如你想让自己的工作变得有趣一点，你就可以把自己每天的工作量都记录下来，鞭策自己一天要比一天进步，第二天的工作要胜于前一天。一段时间后，你也许会发现你的工作不再是单调枯燥，而是很有乐趣。因为你的心理上有了竞争，每天都怀有新的希望。快乐纯粹是内在的，它不是由于客体，而是由于观念、思想和态度而产生的。

每一件事，每一个人，从一定的意义上说都是珍奇独特的，只要愿意，这一切都是无穷无尽的快乐的源泉。只要你用快乐的心情去感受，你就能感到你身边工作的快乐。

学会从工作中获得乐趣，即使在苦中亦能获得乐趣，那将是你人生成功的一大秘诀。心中充满快乐时，自然感到身边的工作也有趣，终日乐此不疲，离成功自然也就越来越近了。

25 只有卑微的人格，没有卑微的工作

莎士比亚说：“卑微的工作是用艰苦卓绝的精神忍受的，最低陋的事情往往指向最崇高的目标。”

无论你正在从事什么样的工作，要想获得成功，就不要轻视自己

的工作。工作本身没有高低贵贱之分。一个人所做的工作，是他人生态度的表现。一生的事业，就是他志向的体现，理想之所在。没有卑微的工作，只有卑微的人格和卑微的工作态度。

我们做的每一件事，都代表了我们的能力和形象，其成败美丑，都会影响人们对你的看法。对一个成功的人来说，工作就是使命。工作没有高低贵贱之分，在你看来最卑微的工作，也是具有价值的。它之所以存在，是因为人们需要它。

胡桂萍原来是武汉市国棉三厂的一名女工，因为工厂效益不好，在她32岁的时候下岗了。离开工作了多年的工厂，心里像被掏空了一样，每天吃饭睡觉都不是滋味。一天，她上街买菜，看到一个提着木盒子的“擦鞋女”，这吸引了她的目光，激发了她的灵感。她算了一下，要是开家专门的擦鞋店，收入倒挺可观。于是她买了擦鞋的用具，租房在武汉市办起了第一家室内擦鞋店。当时，擦鞋价格是2元钱一双，为了吸引顾客，她明码标价5角钱一双，顾客络绎不绝。每天都早早地就开门营业，她和另外4名员工一刻不停歇，一天下来要擦300多双皮鞋，有时忙得连吃饭、喝水的时间都没有。员工下班后，她一个人坚持到晚上9点多钟才拖着早已麻木的双腿、毫无知觉的双手回家。当有了一定积累后，她将小店重新装饰了一番，装上空调、饮水机，换上了体面、统一的椅子和鞋箱，贴上了价格表和服务公约，员工统一着装，礼貌服务，并在门面上挂出了“翰皇擦鞋店”的招牌。她说，她是把别人看不起的擦鞋生意做得富丽堂皇。后来，她与人合伙，投资30万元注册了“武汉翰皇一元擦鞋有限公司”，自己担任董事长，并欢迎下岗职工加盟，不收加盟费、培训费，只要按“翰皇”的统一模式，规范经营就行。经过几年的飞速发展，翰皇擦鞋公司目前在全国已拥有了600多家连锁分店，全国各地近4000名下岗职工因此走上了再就业之路。她为解决当地的下岗工作带来的问题做出了很大贡献。

是的，补鞋、擦鞋和拣垃圾，看起来似乎都是很卑微的工作，最低陋的事情，但他们通过努力，都实现了自己的目标。他们不只让自己摆脱了困难，还帮助了别人。他们应该成为所有正在做着“卑微”工作的人们的榜样。对待工作的态度，某种程度上体现了人们的心态，记住这句话吧：工作无贵贱。

看似卑微的工作不代表就低人一等，你通过自己的努力奋斗同样可以获得让人羡慕的成绩。从卑微的小事做起，干别人不愿意干的事情。这不是说明你的卑微，而是证明了你的伟大。全国劳模时传祥是一名掏粪工，但他却受到了周恩来同志的亲切接见，那幅握手的画面至今还让我们记忆犹新。你能说自己就是卑微的吗?

正如中国台湾的女作家杏林子所说：现代社会，昂首阔步、趾高气扬的人比比皆是，然而有资格骄傲却不骄傲的人才是真正的高贵。

好岗位、好工作人人趋之若鹜，卑微琐碎的工作人人避之唯恐不及。如果你现在从事的是一种公认的卑微工作，短时间里也没有改变它的能力，那么，正确的办法应该是改变自己的心态，抱着一种化腐朽为神奇，化卑微为高尚的心态去做，会比抱着卑微的心态去做要强无数倍。因为，于人于己，前一种心态都会得出一种好的结果，会引起别人的尊重，后者则不能。

26 努力工作不是为了那点money（钱）

一个一无经验二无资本的人想要获得成功，无异于异想天开，因为成功与能力是分不开的。而能力正是从平时经验的积累中不断提升的。那么是不是说没有经验也没有资本的人就不能获得成功呢？也并非如此。凡事都可从学习中提升。最好的捷径就是选择一种哪怕没有任何报酬自己也愿意努力去做的工作。当你这样做时，或许暂时薪水会微薄，但从中必然会学到许多本领。如此，不久的将来金钱定会自动地追随你而来。

很多刚踏入社会的大学毕业生，他们对自己充满了很高的期望，他们觉得自己富有学识，应该立刻得到一个薪水丰厚、职位显赫的工作。在他们的眼中，薪水成了一种衡量成败的标准。而现实是怎样的呢？许多刚从学校毕业的年轻人，他们没有什么工作经验，老板怎么把重要的职务交给他去做呢？既然这样，他们又凭什么向老板去索取高薪呢？由于得不到这些，许多年轻人都抱怨老板，并且对工作也毫无热情。

今天，很多的年轻人都把社会看得十分冷酷和严峻，他们变得比他们的父辈们更加现实。于是，在他们眼中，工作成了这样一条简单的定义：我为公司工作，公司付给我同样价值的报酬，等价交换。他们绝对不会去为公司哪怕是多做一点点。在他们的眼中，工资就是一切，学生时代曾经的梦想之花早已凋落。

他们工作时缺乏信心、缺乏激情，他们以应付的姿态对待一切，能偷懒就偷懒，能逃避就逃避，他们以此来表示对老板的抱怨。他们工作仅仅就是为了对得起这份工资，而从来没想过这会与自己的前途有何联系，他们也不会去考虑家人和朋友的想法。

为什么会出现这样的现象呢？李嘉诚认为这是由于人们缺乏对薪水的认识和理解所致。很多的人总认为老板付给自己的薪水太低，更可惜的是，他们还放弃了比薪水更重要的东西。所有 18 岁以后的年轻人都应该明白，不要做一个为薪水工作的职员，你的工资只是给工作报酬的一种方式，尽管它很直接，但是，它也是最短视的。如果你只是为了工资而工作，而没有其他更高尚的目标，你将会成为一个不幸的人，因为这么做对你的人生来说，绝对不是一种好的选择。如果你只为薪水而工作，你的生活将因此而陷入平庸之中，你找不到人生中真正的成就感。工作的目的虽然是为了获得报酬，但工作能给你带来的远比信封中的工资要多得多。

金钱到一定程度的时候对人来说就不再具有诱惑力了。也许，你现在还远远没有达到那种境界，但是，如果你是一个聪明人的话，你会发现，工资只不过是你所获得的报酬的一种。有人问过很多事业成功的朋友，如果在没有利益回报的情况下，他们是否愿意努力去做自己的工作。他们都这样对他说："我绝对会一样全力以赴地去工作，因为，我热爱我的工作。"一个人要想获得成功，最好的捷径就是选择一种哪怕没有任何报酬自己也愿意努力去做的工作。当你这样做时，金钱就会自动地追随你而来。所有的公司也将竞相聘请这样的人才，而且他们愿意为此付出更高的报酬。

不要仅为薪水而工作，工作虽是为了生计，但是，通过工作使自己的潜能得到充分的发挥，比什么都重要。假如工作仅仅为了糊口，你的生命的价值将因此而大打折扣。你的追求不要只局限于满足生计，而要有更高的追求。千万别这样对自己说：工作就是为了挣钱。你要看到比薪水更高的目标。

有些薪水很微薄的人，忽然被提升到重要的职位上，这看来似乎有点不可思议。其实是因为在拿着微薄薪水的时候，他们就在工作中付出切实的努力，尽职尽责的工作，获得了充分的经验，这些便是他们忽然获得晋升的原因。

许多年轻人认为他们现在所得的薪水太微薄了，所以竟然连比薪水更重要的东西也都放弃了，他们逃避工作，在工作过程中敷衍了事，发泄他们对老板的不满。

这样，他们就埋没了自己的才能，泯灭了自己的创造力和发明才能，也就使自己可能成就伟大事业的潜能无法获得发展。为了表示对微薄薪水的不满，固然可以敷衍了事地工作，但经常这样做，等于使自己的生命枯萎，使自己的希望断送，终其一生，只能做一个庸庸碌碌、心胸狭隘的普通人。

每个年青人对于自己的职位都应该这样想：我投身于工作是为了自己，我也是为了自己而工作；固然，薪水要尽力地多挣些，但这并不重要，最重要的是由此获得踏进社会的机会，也获得在社会上取得成功的机会。通过工作中的亲身经历获得大量的知识和经验，这将是工作给予你的最有价值的报酬。

在工作过程中，应该运用自己的智慧，发挥自己的才能和创造力，来提高工作的效率。在工作中，要不断求进步，不要落伍，要以积极的心态来做一切事情。只有这样，才能使你的老板对你产生特别的关注。

从另一个角度讲，仅为薪水而工作，客观地说，这只是物有所值，而老板更看重的是物超所值的员工。打个比方来说，一件商品有没有竞争力，除了要看它本身的品质，最重要的是要看顾客的感受。广告中大量的顾客见证、明星见证，就是为了告诉你：他们用了都说好，你为什么不试一试呢？毕竟只有使用过的人才认为它物有所值，甚至物超所值，那才是最有竞争力的商品。

从事工作也是如此，学历、能力和资历当然是一种竞争力，可是老板对每个员工，都有自己的期望值。当你的表现和他的期望基本吻合，他就会认为你物有所值，当你的表现超过了他的期望，他就会认为你物超所值。

真正的竞争力是不容易被取代的，它是你做事的表现和老板的满意度，而不只是几张“质量认证书”。

今天的商场，要想获得高额利润就必须甩开竞争者，而甩开竞争者的最佳选择就是提高产品和服务的附加值。这条规则在职场同样有效，拿多少钱做多少事的年代早已过去了。竞争迫使你不得不去思考自己的附加值在哪里。

把分内的事情做得至微至周的同时，建议你想一想，除了分内的事以外，你还能做什么？这样，你才更有竞争力。

对你将来的老板来说，一个物超所值的员工意味着效率、价值和榜样。对你来说，它意味着机会、成长和实力。

27 先做适者，再做强者

不知道大家有没有碰到过不适应工作环境的问题：去外地工作，换了个全新的环境，可能会在一段时间内感到无所适从。和周围的同事不知如何交流，下班了不知道去哪里消磨时光，慢慢地就觉得孤单寂寞，难以融入这个环境。

孔子老先生教导我们，只要做事认真稳当，说话厚道守信用，就算虎狼丛中也能安身。

子张问如何才能使自己到处都能行得通。孔子说："说话要忠信，行事要笃敬，即使到了蛮貊地区，也可以行得通。说话不忠信，行事不笃敬，就是在本乡本土，能行得通吗？站着，就仿佛看到忠信笃敬这几个字显现在面前，坐车，就好像看到这几个字刻在车辕前的横木上，这样才能使自己到处行得通。"子张把这些话写在腰间的大带上。

《资治通鉴》中记载了许多"疆场之臣"成功牧边的事例。如东汉的梁并、皇甫规、张奂，三国时期的裴潜，唐代的薛讷、张俭、郭元振等。在这些治边名臣之中，最为成功的莫过于东汉章帝、和帝时期的护羌校尉邓训。公元 88 年 10 月，陇西太守、护羌校尉张纡征伐羌人叛乱，不断引起新的骚乱。诸公卿推举张掖太守邓训为护羌校尉。邓训的前任是张纡，他在平定羌族叛乱的过程中，假意接受羌族首领的投降，在受降大会上施以毒酒，伏杀羌族酋豪八百余人。这一举动导致诸羌联合反叛，势头更为强劲。邓训到任以后，叛羌再次来攻，他们不敢贸然进攻邓训，而是欲先挟持小月氏胡。邓训的部下都认为羌胡相攻，朝廷正可坐收渔利，邓训却说，“原诸胡所以难得意者，皆恩信不厚耳。今因其追急，以德怀之，庶能有用。”于是果断下令开城接纳小月氏胡的家眷，严兵守卫。邓训对小月氏胡的保护赢得了诸胡的信任和感戴，邓训乘机“抚养教谕”，进一步争取到诸胡、羌诸族的支持。当时机成熟后，他于和帝永元元年，发湟中秦、胡、羌诸部之兵，大败迷唐军，很快平定了这次叛乱。叛乱平息之后，邓训继续绥抚降众，于是威信大行，罢屯守之兵，仅留两千余人屯田和修理战备设施。邓训恩威并施的安边之术不但使扰攘多年的西北边疆渐复安宁，而且为他本人赢得了崇高的威望。《资治通鉴》记载，当永元四年邓训去世的时候，“吏、民、羌、胡旦夕临者日数千人。羌、胡或以刀自割，又刺杀其犬马牛羊，曰：‘邓使君已死，我曹亦俱死耳！’前乌桓吏士皆奔走道路，至空城郭。……遂家家为训立祠，每有疾病，辄请祷求福”。一位守边将领能够得到“夷狄”如此的爱戴，这在整个中国历史上也是很少见的。

很多时候，我们没法选择或改变周围的环境，但是我们能够改变自身的行为。对不能改变的，要学会适应它，对能改变的，要努力改变它。因此，我们不应等待环境来适应我们，而应该主动改变自身来适应环境。

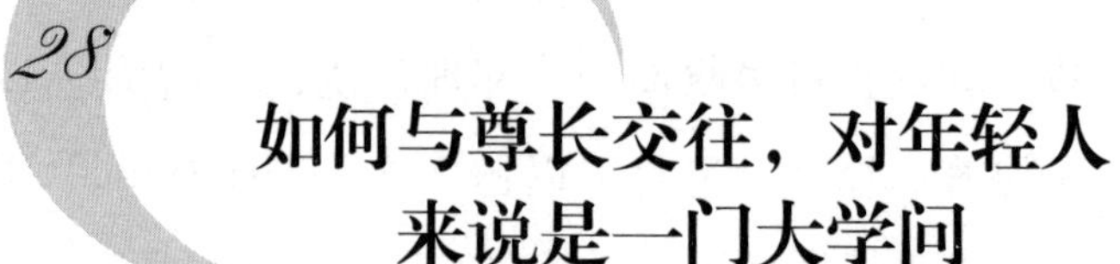

28 如何与尊长交往，对年轻人来说是一门大学问

世间恐怕没有一个人不希望自己成才，成为社会精英。成才之路有很多，除了自己拼搏进取外，借助他人之力和智慧取得成功，亦不失为一明智之举。他山之石，可以攻玉，西方人甚至认为，知道以他人之力取得成功的人，才是真正的成功！这种观点虽然有些绝对，但总的来说是有道理的。至少可以证明世间万物不是孤立存在，而是相互作用和影响的普遍真理。比如说，年轻人若能接近社会尊长，得到他们的指点和提拔，就会大大缩短成功之路的里程。社会尊长，成功人士，是一笔巨大财富，与他们的交往，无疑会受益无穷。但是，如何与尊长交往，对年轻人来说可是一门大学问。若不正确把握交往之度，引起尊长的误解或厌恶，反而会适得其反。在这里，建议大家参考一下以下五条原则：

1. 谦恭有礼，坦率大方

社会尊长，一般都是德高望重之人，无论是学识业绩，抑或是品行操守，必有过人之处所以才会被视为尊长。我们向他们取经求宝，表示谦恭的态度，是必要的礼仪。但谦恭必须有度，如果没有分寸，就成了曲意逢迎，反而会适得其反。

尊长们阅历丰富，站得高，看得远，一般都肯提携后进，希望自己的事业有接班人。但他们对于后进，除了看重其悟性与天赋，同时也很看重其人格品行。所以，我们在与之交往时，除了尊敬他们外，千万别忘了展示自己的人格魅力。年轻人通常走入这样的误区，与尊长交往时过于拘谨，放不开手脚，对他们毕恭毕敬，言听计从，不敢亮出自己的主张，以为这样就是对尊长的敬重。其实不然，尊长们一般都胸襟广阔，也有做学问的求是求实精神。只要你是真心的，在学术上他们反而更希望年轻人有自己的见解。师承关系也是在传承和创造中得以实现的，长江后浪推前浪，正是他们所希望的。所以，与尊长交往，除了在人格上尊敬他们，在虚心学习的同时，还可就一些问题与他们探讨。这样，他会觉得你是个很有主见、有潜力的人而加以关注，甚至对你大加器重。如果你只知道点头称是反而会给他们留下不学无术、投机钻营的印象。

2. 要进退有度

有些年轻人，为了博得尊长欢心，得到指导和提携的机会，通常会有事无事登门套近乎。今天去聊天气冷暖，明天去谈世故人情，后天又提些礼物以示亲密，实际上，这是很有害的。

尊长也有自己的事业，有自己的工作和生活规律，把时间看得很宝贵，正因为这样才能成为社会精英。所以，一般来说，他们是不希望别人无故打乱自己的工作、学习、生活规律的。提携后进，只是他们在履行社会责任。那么，作为年轻人，应该体谅他们，没有重要的事请教，不必频繁登门去打扰他们，时不时打个电话问候表示关心就行了。如果有事没事都登门闲聊，时间久了就会引起他们的反感甚至厌恶，会觉得你是个无聊庸俗的人而疏远你。

3. 谈话要有所准备，言简意赅

大凡事业成功人士，都是头脑清晰，思维严谨的，说话很有水平，所以，他们同样希望别人也能这样，甚至还会把它当成一个人成才的必要条件。

年轻人与尊长交往或者向他们请教时，一定要有所准备，把自己要讨教或探讨的问题的思路理顺，然后有的放矢，引起尊长的交谈兴趣，从而达到求教的目的。而年轻人很容易走进一个误区，与尊者交往，生怕别人不知道自己的才华，一进入交谈，就会口若悬河，滔滔不绝，云山雾绕，不着主题。而言简意赅，提纲挈领阐明自己的观点，反而容易切中要害。

展现自己的才华，引起别人的注意。如有位业余作家写了一个比较得意的剧本，去拜见一位戏剧界前辈，向他请教。他首次登门时只坐了两分钟，说，我这剧本是认真创作的，力图表达自己的艺术理念。请老师批评一下，不知我的创作思路对不对。说罢讲了几句别的话，就以不打扰老师的宝贵时间为由起身告辞。这位前辈被他那句"力图表达自己的艺术理念"所吸引，待年轻人一走，马上伏案读起来，读完之后发觉这剧本虽然还有欠缺，但却才气毕露，令人喜悦，第二天就约年轻人上门探讨。在前辈的大力扶持下，该剧不但一炮走红，一老一少还成了忘年交。试想一下，如果该年轻人上门不谈剧本，而是空谈天文地理、人文哲学，待老前辈听得厌烦了，还赖着不走，结果会怎样呢？

4. 注意切忌过分吹捧

年轻人对待尊长，说一些赞颂之言以示敬仰是必要的，但一定不能超出赞颂的界限，否则就会成为吹牛拍马，令人肉麻了。

桃李不言，下自成蹊。大凡胸怀大志，事业有成的人都比较谦逊。凡事都不喜欢张扬和自吹自擂，同时也讨厌别人过分吹捧和无端抬高。当然，他们也不会拒绝实事求是的称赞。因为他们也是人，希望自己得到社会的承认和尊重。这就对年轻人与尊长交往时提出了一道题。如果无视他们的成就，那是对尊长的不恭，如果赞颂过头，又成肉麻的阿谀逢迎。因此，把握分寸非常关键。

有位大学毕业生，分配到一家事业单位工作，该单位有位资深专家一直是他的崇拜偶像，他迫切希望得到这位尊长指导，以使专业更进一步。他不但对专家毕恭毕敬，每次求教都要说一通“高山仰止”、“德高望重”之类的赞语，在公开场合常常大讲一通“某老是社会精英，国家栋梁，能与他老人家共事，是三生有幸的事，我要以他为榜样”之类的溢美之词，然后再进入主题。也许在他看来是由衷的赞叹，而在老专家听来却很不爱听，甚至很刺耳。一次，他又在会上大唱赞歌，老专家不待他把话说完，就板着脸斥责道：“除了奉承吹捧，难道世间就没别的话可说了？”年轻人瞪目结舌，不知所措……

美酒敬人是人人都愿意接受的，可过量就不好了。赞美也是如此，不要过头，尤其是在与尊长交往的时候。

5. 要保持适当的距离

很多尊长人缘极佳。他们没有名人或领导的架子，与年轻人打成一片。但是，不要忘了，我们与他们之间还是长幼有别的。尊长不摆架子，并不说明就无长幼之别、尊卑之分。作为年轻人，长者越和蔼可亲，我们就越要尊敬他们，随和而随时注意他们的尊严。

某局长是个有胆有识的领导，对下属工作上要求一丝不苟，但在生活中为人随和，性格开朗，从不以领导自居，与年轻人谈笑风生，打成一片，为单位营造了一个既严肃又宽松的环境。然而，有一个工作、才华都很不错，一直受到领导器重的年轻人，见局长如此随和，

就忘乎所以，讲话没分寸，还在人前拍肩摸头，渐渐地，局长开始对他反感了。一次开会，年轻人没轻没重地和局长调侃，局长的面子受了伤害，毫不留情地批评了他一顿。年轻人栽了面子不说，还在领导心中留下了不好印象。

与尊长交往对于年轻人来说，是有益而且是非常必要的，也是取得成功的关键因素之一，如何处理好上下长幼关系，也不是千篇一律的，要因人而异区别对待。但是否能处理好这种关系，是一个人成功的重要一环，因为成功不单单是指本身事业的成就，同时包括了做人处世的成败。所以，我们千万不能忽视。

29 六分努力，三分运气，再有一分贵人相助，即是十分把握

我们一直相信“爱拼才会赢”，但往往有些人即使拼了也不见得赢，关键就在于缺少贵人相助。在攀向事业高峰的过程中，贵人相助往往是不可缺少的一环。有了贵人，不仅能替你加分，还增加你的筹码。

在中国的传统文化中，人和的内涵就是“贵人相助”。有贵人相助，成功就会变得简单得多。所以，找到自己的贵人，并博得他们的信任和赏识，是成功的重要步骤。“贵人”可能是指某位居高位的人，

也可能是指令你心仪急欲模仿的对象，无论在经验、专长、知识、技能等各方面都比你略胜一筹。因此，他们也许是师傅，也许是教练，或者是引荐人。因此，出门遇“贵人”，就可吉星高照，前途一帆风顺，甚至将来会飞黄腾达。

据调查表明，凡是做到中、高级以上的主管，有90%都受过栽培；至于做到总经理的，有80%遇过贵人。不论在何种行业，“老马带路”向来是传统。作用不外乎是栽培后进，储备接力人才。

可见，为自己寻求一些贵人作为背景可以借力使力，从而使自己尽快得到提拔，英雄有用武之地，也是很值得研究的。因为这对于我们修正自己的做人方法，是很有帮助的。

贵人不会主动来到你的面前，需要你自身的努力才能遇到。贵人是指在层级组织中职位比你高且对你的晋升有所帮助的人。首先你得费心地去分辨谁是贵人。你或许以为，你的晋升几率取决于顶头上司对你的评语好坏，这观念或许是正确的。但是更高的管理阶层可能觉得你的顶头上司并不胜任，因而可能不在乎他的推荐和好恶。所以，仔细深入观察，你才能找到能帮助你晋升的贵人。

寻求贵人不可急功近利。在工作上的层级组织中，如果你的上一层职位被某一个不胜任者占住，那么不管你花再多力气或你的贵人再有心提拔你，也都将徒劳无功。为了到达跳水板顶端，你必须爬下那座被堵塞了的阶梯，横越到另一侧没有障碍的阶梯，然后再顺利地爬上顶端。同样地，在层级组织中，你必须离开挡路人那条升迁道路，然后从另一个没有阻碍的道路往上晋升。如果那人仍有资格获得晋升，他便不算是挡路人，而你也不必躲开他。只要稍加忍耐多等一些时日，等他获得晋升后出现空缺时，你的贵人便能立即提拔你。

不能一条道跑到黑。争取多位贵人的提拔。多位贵人的共同提拔，可产生乘数的提拔效果。乘数效果的产生，是由于这些贵人在他们的谈话里，不断地互相强化你的优点，因而使他们决心提拔你。假使你只有一个贵人，你便得不到这种强化的效果。

孤掌难鸣，没有贵人比较难成气候，但若要被贵人“相中”，首要条件还是在于自己是不是这块料。俗话说，师父领进门，修行在个人。如果你一无所长，却侥幸得到一个不错的位置，保证后面一堆人等着想看你的笑话。毕竟，千里马的表现好坏与否，代表伯乐的识人之力。假如提拔了一个扶不起的阿斗，对贵人的荐人能力，也是一大讽刺。

与贵人之间的关系应当有所明确，最好是建立在双方各取所需、各得其利的基础上。这绝不是鼓励唯利是图，而是强调双方以诚相待的态度，既然你有恩于我，滴水之恩必将涌泉相报。这才是正确的做人之道。

30 不要把只说你好的人当朋友

有人说结交朋友亦如韩信点兵，多多益善。朋友多了路好走，无可厚非，但是，结交朋友，需讲究察友之道，一味讨你欢心的人不一定就是真正的朋友。孔子说：“益者三友，损者三友。友直，友谅，友多闻，益矣；友便辟，友善柔，友便佞，损矣。”意思是说，交有益的朋友有三种，交有害的朋友也有三种。正直的朋友，讲信用的朋友，知识渊博的朋友，对你是有益处的；而善于花言巧语的朋友，当面奉承、背后诋毁的朋友，专讲空话、不见行动的朋友，对你只有害处。在“友谊”的天地里，朋友有好坏之分、高低之别，是客观存在的。交上好友，彼此心心相印，推诚相见，互相携手并进，那确是生活中的莫大欣慰。交上坏友，被引入歧途，或者平时亲热异常，一旦你有什么不测，他就避之唯恐不及，甚至投井下石，趁火打劫，那就不啻酿造人生的悲剧。我们结交朋友，当然是为了有益于自己的成长与进步，倘若因为结交了坏朋友，有害于自己的成长与进步，那这样的朋友还不如不交为好。所以，我们在追求友情、珍惜友情的同时，必须注意交友的“方位”，谨慎择友。

所谓交友的“方位”，最主要的是要注意交友的基础，即如我们前面所说的，必须注重具有共同的理想和追求这个基础。“人以群分，物以类聚”，道路不同，难以相谋。其次，就应该掌握好择友的标准。明代苏浚在他的《鸡鸣偶记》里，曾把朋友分为四类。这四类是：“道义相砥，过失相规，畏友也；缓急可共，死生可托，密友也；甘言如饴，游戏征逐，昵友也；利则相攘，患则相倾，贼友也。”这个交友的标准，虽然是根据当时社会情况提出来的，但对于我们现在择友，仍然是不无裨益的。生活中，那种见利就上、就争，见朋友遇到困难或不幸就忘义、就倾轧的“贼友”，当然是不可交的；那种甜言蜜语不绝于耳，吃喝玩乐不绝于行的“饴友”，固然可以带来一时欢快，却难以做到贫贱相扶，患难与共，甚至耽于欢乐，消磨意志，也没有必要去交。值得我们倾注热情，以心相交的是能够“缓急可共，死生可托”的“密友”，是能够“道义相抵，过失相规”的“诤友”。但是在今天的社会主义时代，国家为青年健康成长提供了优越的社会条件，需要朋友为自己“共患难、托生死”的事毕竟鲜少。而那种可以在道义、学业上互相砥砺，在缺点、错误上互相规劝的“诤友”，对于青年朋友却是绝对必要的。因此，交朋结友，最重要的是结交“诤友”。在人的成长的道路上有这样的“诤友”，不仅可以保证友谊向着健康的方向发展，也可以帮助人们增强战胜困难的勇气，获得蓬勃向上的力量，赢得事业的成功。古往今来，有许多这样的事例。

唐代诗人张籍，可以说是韩愈的一个“诤友”。韩愈才华横溢，才名四播，但却不能耐心地听取别人意见，而且生活上不检点，喜欢赌博。张籍为此一再给韩愈写信，直言不讳地提出批评和忠告，终于促使韩愈认识了自己的缺点。韩愈在写给张籍的信中说：“当更思而诲之耳”，“敢不承教。”北宋时的苏轼和黄庭坚也是一对好友，两人以诗文闻名于世，也常坐在一起讨论书法。有一次，苏轼说：“鲁直，你近来写的字虽愈来愈清劲，不过有的地方却显得太硬瘦了，几乎像树梢挂蛇啊。”说罢笑了起来。黄庭坚回答说：“师兄批评一语中的，令人心折。不过，师兄写的字……”苏轼见黄庭坚犹豫，赶忙说：“你干吗吞吞吐吐，怕我吃不消吗？”黄庭坚于是大胆言道：“师兄的字，铁画银钩，遒劲有力。然而有时写得有些褊浅，就像是石头压蛤蟆。”话音刚落，两人都笑得前俯后仰了。正是这种互相磨砺的批评精神，使得他们的友谊之树枝繁叶茂。朋友间由于各人的性格、习惯、特点不一样，谁都不免会有自己的弱点、短处和过失，如果看着朋友的不足和过失不指正、不劝阻，那怎么能够体现真正的友谊呢？朋友间也会因为各自思想观点和见解的不同发生分歧，产生争执，这也是很正常的事。即使是有着共同理想和事业的朋友，也同样如此。

读过现代文学史的人，都知道鲁迅和郭沫若、茅盾等人曾有过一场影响很大的文艺论争，也曾引起过一些人的误解。可是，他们不计较个人观点不一致，不为庸人所蛊惑，敢于直率地发表自己的见解，进行思想交锋。所以，这个论争不仅没有在他们之间产生感情上的对立，而且还推动了革命文学事业的发展，他们各自也都得到经验教训，提高了马克思主义的水平。鲁迅说：“我和茅盾、郭沫若两位，或相识，或未尝一面，或未冲突，或曾用笔墨相讥，但大战斗却都为着同一的目标，绝不日夜记着个人的恩怨。”郭沫若在重印《发端》一文时也说：“我虽然写了这篇文章，并无改于我对鲁迅先生的尊敬。”他们这种为着同一的目标和事业，“道义相砥，过失相规”，不计较个人得失的精神，是非常值得我们学习与借鉴的。

要交“诤友”，首先需要有一个宽广的胸怀。因为从某种角度看，“诤友”有其可“畏”的地方，他敢于指出你的过错，一一揭露你的短处，有时甚至不讲究时间场合对你提出批评，使你不免感到难堪，有损你的“自尊心”。据说，有一次夏衍与历史学家吴晗谈论起明朝皇帝朱元璋的时候，夏衍讲了一句外行话，吴晗当即就毫不客气地批评他说：“你还当文化部长呢。连这点常识都不懂。”夏衍被当众丢丑，非但没有责怪吴晗不给自己面子，而是从此把吴晗当做自己的“畏友”，并发愤读史，弥补了自己这方面知识的不足。从这件事情，不难看出当时身为文化部副部长的夏衍有着过人的“度量”和宽广的胸怀。闻“过”而知不足，知不足使其有了再学习的方向，具有这样的胸怀，就能“从谏如流”，不断发现自己的弱点和缺点，改正了也就能不断地进步和发展。青年人思想比较单纯，在踏入社会之初，往往由于经验不足而缺乏独立生活的能力，如果身边有这样的“诤友”，就能“以人为镜”，在生活和事业的道路上少走弯路，不走歧路，堵死邪路。青年朋友之间的这种友谊带来的益处，常常胜过父母师长和兄弟姐妹带来的帮助。

结交“诤友”，自己也应该以“诤友”的形象出现在朋友面前。马

克思曾说过：你希望别人怎样对待自己，你就应该怎样对待别人。倘若你自己对朋友只知道“恭喜发财”，谄媚笑，那么要求朋友对你做到知无不言、言无不尽也是不可能的。朋友相交，始有“知心”，方有“己”，你在和别人说话时常常“话到舌边留半句”，别人对你大概亦会是“虚情假意无真心”，这个道理是明白无误的。所以，青年人想要得到“诤友”，首先要有勇气对朋友的不足、不是之处说一个“不”字，以“诤友”的要求律己，塑造自己的“诤友”形象，在你的朋友中间，培养和发展闻过则喜、闻过则恩、闻过则改的良好风气。如果能做到这样，那你的友谊就会像人生的太阳，不断带给你温暖和热情，照耀你不断进取的人生道路。这样的友谊和朋友，才真正值得“斯世当以同怀视之”，才真正不辜负我们对友谊的渴望、热情和追求。

31 远离小人，但别得罪小人

孔子说：“世间唯女子与小人难养也，近之则逊，远之则怨”。

这个世界是一个很大的树林，里面什么鸟都有，当然小人也比比皆是。小人成事不足，败事有余。如果你这辈子叫小人盯上了，那么肯定就麻烦大了。小人没有什么事好做，因此他可以专心致志地琢磨你，并把这当做专业。

“小人”没有特别的样子，脸上也没写上“小人”二字，有些“小人”甚至还长得帅，有口才也有内才，一副“大将之才”的样子，根本让你想象不到。

所以，在交际过程中，为了自己的利益，必须小心谨慎，处理好和“小人”的关系。

聪明人能妥善处理和“小人”的关系，主要是能把握以下几个原则：

（1）不得罪他们。一般来说，“小人”比“君子”敏感，心里也常常比较自卑，因此你不要在言语上刺激他们，也不要在利益上得罪他们，尤其不要为了“正义”而去揭发他们，那只会伤害了你自己！自古以来，君子常常斗不过小人，让有力量的人去处理吧！

（2）保持距离。别和小人过度亲近，保持淡淡的同事关系就可以了，但也不要太过疏远，好像不把他们放在眼里似的，否则他们会这样想：“你有什么了不起？”于是你就要倒霉了。

（3）小心说话。说些“今天天气很好”的话就可以了，如果谈了别人的隐私，谈了某人的不是，或是发了某些牢骚不平，这些话很可能会变成他们兴风作浪和整你的资料。

（4）不要有利益瓜葛。小人常成群结党，霸占利益，形成势力，你如果功夫还没练到家，就千万不要想靠近他们来获得利益。因为你一旦得到利益，他们必会要求相当的回报，甚至就如鼻涕那般，黏着你不放，想脱身都不可能！

（5）吃些小亏无妨。“小人”有时也会因无心之过而伤害了你。如果是小亏，就算了，因为你找他们不但讨不到公道，反而会结下更大的仇。所以，原谅他们吧！

当你认清了与“小人”交往的隐患，并坚持做到上述几点，你就能和“小人”相安无事了。

32 不做奸诈虚伪的小人，但也不能毫无城府

真正聪明的人从来不轻易让别人看出他有多大的智慧和勇气，因为他们知道，只有这样才能更好地获得别人的尊重。所以，让别人知道你，但不要让他们了解你的底细。没有人看得出你才能的极限，也就没有人对你感到失望。让别人猜测你甚至怀疑你的才能，要比完全显示自己的才能更能获得尊重。欲修炼聪明的人的交际大法者，要不断地培养他人对你的期望，不要一开始就展示，甚至都不要展示你的全部所有。隐瞒你的力量和知识的诀窍是要胸有城府。

聪明人为人处世的一种基本的特点便是受辱而不惊。换句话说，当受到别人侮辱的时候，能够有克制地稳住，而不马上觉得自己丢了脸、失了面子，至少别让人看出来；不要受一点气，就因此火冒三丈、恼羞成怒，抱着一种“人若犯我，我必犯人”的心理，大打出手，破口大骂，非要把面子争回来不可。“不惊”首先是心平气和地接受这一事实。至于以后如何，等等再说。

巴顿是聪明人交际大法中的反面教材，他爱放大炮、毫无城府，不但使上司颇为难堪，自己也失去了不少人缘，被同事们称为“和平时期的战争贩子”。一九二五年巴顿到夏威夷的斯科菲尔德军营担任师部的一级参谋。一年后，他被升为三级参谋。他的工作主要是负责对战术问题和部队的训练提出建议并进行检查，但由于没有城府他经常越权行事。一九二六年十一月中旬，他观看了第二十二旅的演习，对这次演习非常不满。他直接向旅指挥官递交了一份措辞激烈的意见书。他的这种做法是纪律所不允许的，因为他只是一名少校，无权指责一名准将指挥官。这样一来，他便招致了上司的非议和怨恨。

但巴顿并没有因此“聪明”起来，他并未吸取教训。一九二七年三月，在观看了一场营级战术演习后，他又一次大发其火。他指责营指挥官和其他人员训练无术，准备不足，没有达到预定的目的。虽然这次他很明智地请师司令部副官代替师长签了名，但其他军官心里很清楚，这又是巴顿搞的鬼，所以联合起来一致声讨巴顿。众怒难犯，师长没有办法只好把这位爱放大炮的参谋从三级参谋的位置上撤下来，降级使用。

一个人即使是天才，若丝毫不懂收敛，也是很难立足的，而且一不小心还有可能招致厄运。展露锋芒是正常的，但应认清形势，把自己的位置摆正才能做到自我保护。心无城府有时往往把自己陷入不利之地。

33 欲成大事者必善借贤人之力

“假舆马者，非利足也，而至千里。假舟楫者，非能水也，而绝江河。”能识别并任用贤能之人方可成功，因为贤能之士乃国家栋梁，因此，欲成大事者一定要学会巧妙地借助其力。

一个人的力量终究是有限的，必须借人而成事。演独角戏固然可以成功，但那不够精彩。

汉高祖刘邦平定天下之后，在洛阳的庆功宴上就曾说过这样的话：“夫运筹帷幄之中，决胜千里之外，吾不如子房；镇国家，抚百姓，给馈饷，不绝粮道，吾不如萧何；连百万之军，战必胜，攻必取，吾不如韩信。此三者，皆人杰也。吾能用之，此所以取天下也。项羽有一范增而不能用，此所以为我所擒也。”汉高祖刘邦之所以能一统天下，是因为他重用了一些在某些方面比自己能力更强的人。而恰恰是在这一点上，刘邦表现出了一个统帅最值得称道的品格和能力。

打天下如此，搞其他事业也莫不如此。

被誉为美国钢铁工业之王的卡内基说过：“你可以将我所有的工厂、设备、市场、资金全部夺去，但只要保留我的组织和人员，几年后，我仍将是钢铁大王。”

卡内基的话反映了西方资产阶级企业家在管理思想上的一种反省，即他们认识到，人的因素是最重要的。

卡内基死后，人们在他的墓碑上刻上了这样一首短诗：这里安葬着一个人，他最擅长的能力是，把那些强过自己的人，组织到为他服务的管理机构之中。

一个人有无智慧，往往体现在办事的方法上，山外有山，人外有人。因此借用别人的智慧，助己成功是一种正确的成事之道。

你应该明白，不嫉妒别人的长处，善于发现别人的长处，并能够加以利用，协调别人为自己做事，与合作人之间建立良好的信誉，是成大事的基本法则。

如果你觉得有必要培养某种自己欠缺的才能，不妨主动去找具备这种特长的人，请他参与相关团体。三国中的刘备，文才不如诸葛亮，武功不如关羽、张飞、赵云，但他有一种别人不及的优点，那就是一种巨大的协调能力，他能够吸引这些优秀的人才为他所用。

34 进什么样的圈子，交什么样的朋友

常言道：“物以类聚，人以群分”，也就是说是什么样的人就和什么样的人在一起，因为他们价值观相近，所以才能走到一起来，即“同声相应，同气相求”。所以性情耿直的就和投机取巧的人合不来，

喜欢酒色财气的人也绝对不会跟自律甚严的人成为好友。因此人们常说观察一个人的交友情况，大概就可以知道这个人的品性和素养了。

林肯也曾说过一句话："从某种意义上说，你选择了什么样的朋友，便选择了什么样的人生。"

看来，进什么样的圈子，交什么样的朋友，确实是个大问题。

三国时，蜀主刘备就是一个十分善于选择朋友的人。如果当初没有他在桃园与关羽、张飞结为兄弟，又在隆中三顾茅庐选择卧龙诸葛亮，就很难三分天下，建立蜀汉帝业。

一个人选择什么样的朋友，对自己的思想、品德、情操、学识都有很大影响。俗话说："近朱者赤，近墨者黑"，"近贤则聪，近愚则聩。"古人很重视对朋友的选择。孔子曰："君子慎取友也。"品德高尚的人，历来受人推崇，也是人们愿意结交的对象。而品德低劣的人，却常常被人所鄙视，当然也不排除"臭味相投"的"酒肉朋友"。

实际上，每个人不管自觉或不自觉，他们交朋友总是有所选择，总是有自己标准的。

法国科学家法拉第说："如果你想了解你的朋友，可以通过一个与他交往的人去了解他。因为一个饮食有节制的人自然不会和一个酒鬼混在一起；一个举止优雅的人不会和一个粗鲁野蛮的人交往；一个洁身自好的人不会和一个荒淫放荡的人做朋友。和一个堕落的人交往，表示自身品位极低；有邪恶倾向，并且必然会把自身的品格导向堕落。"一句西班牙谚语说："和豺狼生活在一起，你也能学会嗥叫。"

即使是和偏狭、自私的人交往，也可能是危害极大的，可能会让人感到生活单调、乏味，形成保守、自私的性格，不利于勇敢、刚毅、心胸开阔的品格形成。甚至很快就会变得心胸狭隘，目光短浅，原则性丧失，遇事优柔寡断，安于现状，不思进取。这种精神状况对于想有所作为或真正优秀的人来说是致命的。

与那些比自己聪明、优秀和经验丰富的人交往，我们或多或少会受到感染和鼓舞，增加生活阅历。我们可以根据他们的生活状况改进自己的生活状况，成为他们智慧的伴侣。

与优秀的人交往，就会从中吸取营养，使自己得到长足的发展；与品格高尚的人生活在一起，你会感到自己也在其中得到了升华，自己的心灵也被他们照亮。

印度传教士马丁的生活，似乎完全是受了一个在初中学习时的朋友的影响。

马丁是一个相当愚笨的学生，但他父亲还是决定让他接受大学教育。在剑桥大学里，马丁认识了在初中的一位伙伴。

从此以后，这位稍长的学生成了马丁的指导教师。马丁能够应付自己的学业，但是仍然容易激动，脾气暴躁，偶尔会发泄自己难以抑制的愤怒。但他这位年纪稍大的朋友却情绪稳定，富于耐心。他时时刻刻照顾、指导和劝勉自己这位易怒的同学。他不允许马丁结交邪恶的朋友，劝他认真学习。这位朋友的帮助使马丁在学习上进步很快，在第二年圣诞节的考试中他名列年级第一名。

后来，马丁成了一位印度传教士，给了很多人以无私的帮助。

如果马克思没有选择恩格斯这位真诚的朋友，他恐怕就不会在社会科学领域里建立起他的理论学说，也就不会有伟大的著作《资本论》。

所以，和那些优秀的人接触，你会受到良好的影响。

朋友之间的行为总是互相影响。令人奇怪的是，善行总是产生无数的善行。就像一块石头投入水中，会产生波纹，而这些波纹又会产生更大的波纹，如此连绵不断，直至最后一道波纹抵达岸堤。

俗话说："物以类聚，人以群分。"志同道合，情趣相投，是择友的一个标准。志向不同，情趣有别，友谊不可能长久的，早晚分道扬镳。"管宁割席"的典故就是个典型例子，管宁热衷读书做学问，而华歆则热衷于官场名利，两人缺乏做朋友的共同思想基础，割席而坐是必然的。

孔子说："与善人居，如入芝兰之室，久而不闻其香，即与之化矣。与不善人居，如入鲍鱼之肆，久而不闻其臭，亦与之化矣。"墨子有更形象的比喻，他把择友比作染丝，"染于苍则苍，染于黄则黄，所入者变，其色亦变。五入必而已，则为五色矣，故染不可不慎也。"意思是，墨子看到染丝者叹息道：丝放于青色染料里变成青色，放入黄色染料里变成黄色。投入的染料不同，丝的颜色也不同。丝放进五种不同的染料里，就能染出五色。因此他认为人性的浸染不可不慎重。与高尚的人在一起，你也会感染上他的气质。

"朋友多了路好走"，朋友多——好朋友越多，我们受益越多。学无止境，学问再大的人也有不懂的东西。与其出淤泥而不染，何不从一开始就择其善者而从之？孔子说："三人行，必有我师焉。"圣人尚且如此，我们在结交朋友时，也可尽量选择有学识的人。

当然，水至清则无鱼，人至清则无徒。对朋友也不能求全责备，自己本来就是不完美的，朋友又是双向的。如果人人都要求结交比自己有学问的人为友，那么到头来只能是谁也没有朋友。正所谓"尺有所短，寸有所长"，朋友相交贵在有所补益，有所予有所取才是"交往"。

古人的择友之道，我们可以借鉴，但不能照抄照搬，也不要为其所拘束，对友人过于苛刻。择友的标准各有不同，也应该从个人实际出发，慎重选择。

35 友谊和朋友对你的人生至关重要

很多时候，为了使自己的利益不受到外在因素的侵害，我们总是刻意地与外界的人和事保持一种所谓的安全距离。这种安全距离虽然给了我们一份踏实和宁静，但同时也把朋友拒之门外，把孤独留给了自己。

英国大哲学家培根是这样评价友情的：友谊对人生是不可缺少的。如果没有友情，生活就不会有悦耳的和音。在没有友谊和仁爱的人群中生活，那种苦闷正犹如一句古代拉丁谚语："一座城市如同一片旷野。"如果没有友谊，人们的面目淡如一张图案，人们的语言则不过是一片噪音。

当你遭遇挫折而感到愤懑抑郁的时候，向知心挚友的一席倾诉可以使你得到疏导，否则这种积郁会使人致病。医学告诉我们，磁铁粉可以理通脾气；杏仁可以理通肺气；海狸胶可以治疗头昏。然而除了一个知心挚友以外，却没有任何一种药物可以治疗心病。只有对于朋友，你才可以尽情倾诉你的忧愁与欢乐，恐惧与希望，猜疑与烦恼。总之，那沉重地压在你心头的一切，通过友谊的肩头而被分担了。

友谊对于人除了有以上所说这些益处外，还有许多其他方面的益处，多得如同一个石榴上的果仁，难以一一细数。如果一定要说的

话，那么只能这样来说：只要你想想一个人一生中有多少事务是不能靠自己去做的，就可以知道友谊有多少种益处了。因此古人说：知己就是人的第二个“我”。

人生是有限的。有多少事情来不及做完就死去了。但如果有一位知心的挚友，人就可以安心瞑目，因为他将能承担你未做完的事业。因此一个好朋友实际上可以使你获得又一次生命。人生中又有多少事，是一个人由自己出面所不便去办的？人的自尊心又使人在许多情况下无法低首去恳求别人。但是如果有一个可靠而忠实的朋友，这些事就都可以很妥当地办到。

由此可见，友谊对人生是何等重要！它的好处简直是无穷无尽的。总而言之，当一个人面临危难的时候，如果他平生没有任何可信托的朋友，那么他只能自认倒霉了！

友谊是一种特殊的人类关系。恋人的关系，家族的纽带，尽管也是密切的，但在一定意义上来讲，它们有着自然的、本能的要素；而友情却是只有人类才具有的，是人的生活中不可缺少的宝物。

友情于人生至关重要，但不可滥用，也不可过分依赖。因它毕竟是助飞的螺旋，你的主机毁损失衡，外力将爱莫能助，甚至会殃及助力。因此，当自立自强，将友情潜置于生命意义之中，与友人彼此倾慕，相互欣赏最佳。

真正的友情，很少被本能的欲望与利害的权衡所驱使，因为它是心与心亲密地接触相撞而产生的、语言所不能表达的强烈的共鸣，它是一种摒弃了其他任何目的的纯信赖的感情。朋友当然有许多种，亲密的程度也各不相同；但是，真正的朋友，是能够互相理解和信赖的。这样的朋友我们经常寻求，不过也没有寻找很多的必要。假如我们能遇到真正的知己，即使只有一两个，那也将是人生巨大的财富，是生活给予我们的不朽的力量与最大的欢乐。

真正的朋友，在许多情况下，是年轻时候的朋友，是二十岁左右，即所谓青年时代的朋友。成年以后，特别是三十岁刚过，心心相印的朋友就不太容易寻找到了。人们生活中需要获得能够给予安慰与鼓励的知音，需要获得不会随时间推移而变迁的美好纯洁的友情，这往往在青年时代实现。因为在青年时代，人们能够用各自的真诚、坦率面对人生，也能够真诚坦率地正视自己，在大多数情况下，心与心可以热烈融合。换句话讲，在青年时代，用斤斤计较的、功利的观点与人交际，比成年人要少得多。

在友情中，相互信赖是首要条件，这种信赖当然伴随着对对方的尊重。接触对你信赖的人，就可以发现自己所没有的长处，从对方那里得到激励与鞭策；反之，把自己的信赖寄予朋友，这也胜过任何鼓励与安慰。这样，当生活对你产生误解时，你知道：你的朋友能够理解你。那么，还有什么比友谊更加珍贵的呢?

36 信任是友谊的基础

世界上如果没有信任，一切亲情、友情、爱情都将失去存在的基础，每个角落都是尔虞我诈的欺骗，社会将毫无温情可言。

只因偶尔的过错完全否定自己的朋友，以至于不再信任他了，这不仅是对朋友的背叛，也是对自己的背叛。你本人最清楚：这个朋友正是你自己寻觅到的。过错与过错是不一样的，有的过错不可原谅，有的过错可以原谅。对朋友的偶尔的过失的过错，只要他承担了自己应负的责任，作为朋友理当予以原谅。

在一个小镇上有一个出名的地痞，整日游手好闲，酗酒闹事，人们见到他唯恐躲避不及。一天，他醉酒后失手打伤了前来上门讨债的债主，被判刑入狱。

入狱后的地痞幡然悔悟，对以往的言行深深感到懊悔。

一次，他成功地协助监狱制止了一次犯人的集体越狱出逃，获得减刑的机会。地痞（请原谅这样继续称呼他）从监狱中出来后，回到小镇上重新做人。他先是找地方打工赚钱，结果全被对方拒绝。食不果腹的地痞又来到亲朋好友家借钱，遭到的都是一双双不相信的眼光，他那一点刚充满希望的心，开始滑向失望的边缘。这时，地痞的少年时代的朋友听说了，就取出了100美元，送给他，地痞接钱时没有显出过分的激动，他平静地看了一眼“昔日的朋友”后，消失在镇口的小路上。

数年后，地痞从外地归来。他靠100美元起家，苦命拼搏，终于成了一个腰缠万贯的富翁，不仅还清了亲朋好友的旧账，还领回来一个漂亮的妻子。他来到了昔日的朋友的家，恭恭敬敬地捧上了200美元，然后，流着泪说道：“谢谢您！你是我真正的朋友，是你的信任给了我站起来的勇气”。

就这样，信任拯救了一个即将走向极端的人。

信任是最好的支持，它是对人性的肯定，它对人的帮助在于心理上道义的重建，其意义超过了利益的支援。

真正的朋友是经得起任何狂风暴雨的打击。请不要因为朋友对你的态度一时冷淡而失去了对朋友的信任。信任是伸向失望的一双手，一个小小的动作能改变一个人的一生，把信任撒向世界的每一个角落吧，说不定在你的身边会出现一个奇迹。

37 成熟与世故仅一线之隔，却又天壤之别

一堆桃子，无论它有多少，对购买者而言，只有三种：生的，熟的，熟过的。我们只挑熟的买。世间众生，男女老少，就其心理年龄而言，也只有三种：幼稚的，成熟的，世故的。

幼稚的属于生桃子，成熟的属于熟桃子，世故的属于熟过的桃子。放下生桃子不谈，天下有谁喜欢熟过头的烂桃？

人们都不喜欢熟过了的桃子。因为它肉里已变馊，人们也不喜欢世故的人，因为他们已“练达”得变味。在我们身边很少看到一个世故的人拥有真正的朋友，因为世故的人很难交上朋友，谁也不愿与他交朋友。

一个人不成熟，就等于生瓜一样，不好吃，价格就要大打折扣。成熟不等于世故，世故是烂掉的成熟。

成熟是一种丰满圆润的状态，是一个人智慧的顶峰，是一个人阅尽人间沧桑后的从容大度。成熟是不媚俗、不盲从，对挫折处之泰然，

对恭维、掌声、鲜花给以淡淡的微笑。处在这种境界的人，在家里是宽容慈祥的父亲；在朋友中是手足般的兄长；在工作单位是中流砥柱。

俗话说："世事洞明皆学问，人情练达即文章。"

一个人的成熟，归根结底在于他能从容地处理好人际关系，能够很好地适应环境，适应社会。有人把老谋深算、圆滑世故看成是成熟，是为人处世、求人办事的高手，其实不然。因为老练成熟才是社交中的"上乘"修养，而圆滑世故，则很难让人恭维。

成熟的人谁都愿意接近，世故的人却使人敬而远之。

你到一个鞋店去买鞋，店主开始热情地介绍这介绍那，你的心里很舒服，可试了几双后，没有一双合适的，最后决定不买了。店主马上对你冷淡下来而去做别的事，你马上就会意识到她最初的热情只是为了做自己的生意。

一个处世成熟的人，是不会这么去做的，生意不成情意在。即使是做不成生意，也依然对你热情有加；即使这次没买，他也会让你在下次买鞋时，不自觉地来到这里。

成熟与世故之间仅一线之隔，这一线就是两种不同的人交往的动机各异。成熟的人是真诚地打开心扉，与人为善，在力所能及的范围内尽量帮助别人，他帮助别人的同时，别人也帮助他，从而更容易获得了成功。而世故的人则是为了得到别人的帮助，而假惺惺地敷衍那些能够给自己带来好处的人、有钱有势的达官贵人。他们趋炎附势，极尽谄媚之能事。而对那些真正需要帮助的人们，因为这些人对他们毫无利用价值，所以他们视若无物，漠不关心。为了自己的利益，他们不惜对"旧主子"落井下石，反戈一击，古今中外这种例子不胜枚举。

宋代的王安石和吕惠卿是一对朋友，但他们不是真正意义上的朋友，纯粹是靠着权势和利益联合起来的势利之交。吕惠卿与王安石的气质本来就相差很远，他攀附王安石是因为王安石有权势，吕惠卿从中得到好处后，又开始陷害王安石以巩固自己的地位。

世故的人，大都是不相信别人，只希望利己，世故使人的交往打上了圆滑、势利、虚伪的烙印。

世故的人从来不与他人说心里话，“有事求人，无事无人”。这样的人，怎能在心理上给别人以安全感、共鸣感和愉悦感？怎能交上知心的朋友？又怎能在人生的舞台上有出色的表演呢？

38 争强好胜要有个度

生活中不乏一些头脑灵活、聪明伶俐的人，他们仰仗自己有点小才，总是表现出一副“天下舍我其谁”的样子，很是狂妄。他们总不放过任何可能的机会和场合去表现自己，总想让别人知道自己的能力和优越感。他们不知道，这样做的结果只能适得其反，不但达不到目的，反而在别人面前扭曲了自己的形象，既伤害了别人的自尊，同时也会使自己遭受损失。

希望得到他人的尊敬和认可，这是人之常情，但争强好胜要有个度，不能因此而妄自尊大、不计后果强行出风头，结果自然骑虎难下得不偿失。

正如老子所说“夫唯不争，故无忧”。一个人自恃才能过人，总是表现过多，锋芒太露，就会给对手带来压力和不快。别人就会感觉到你气势太盛，不可一世，压得他喘不过气来，就会将你视作眼中钉肉中刺。尤其是当你的傲然之气表现出来的时候，他甚至会怒火中烧，不择手段地对你施以明枪暗箭。所以，做人必须学会自敛锋芒、韬光养晦。

作为一个人，尤其是一个自认为有才华、有前程的人，要做到“心高不气傲”，既能有效地保护自己，又能充分发挥自己的才华，就要战胜盲目自大、盛气凌人的心理和作风，凡事不要太张狂太咄咄逼人，并且还应当养成谦虚让人的美德。这不仅是有修养的表现，也是生存发展的策略。

巧妙的掩饰之所以是赢得赞扬的最佳途径，是因为人们对不了解的事物抱有好奇心，不要一下子展现你所有的本事，一步一步来，才能获得扎实的成功。倘若你处处刻意卖弄，志得意满时趾高气扬、不可一世，这样不被别人当靶子打才怪呢！

所以无论你有如何出众的才智或高远的志向，都要时刻谨记：心高不可气傲。不要把自己看得太了不起，不要把自己看得太重要，必须审时度势，尽量收敛起锋芒。

能做到这些，你就能真正领略道家“夫唯不争，故无尤”智慧的真谛了。

换一个角度来讲，“夫唯不争，故无尤”，这句话还有它更深一层的意思，在必要的时候不仅不要强出头，还要学会低头，就像民间俗语所说的“人在屋檐下，不得不低头”，说得明白一点就是要根据周遭的形势适当地调低自己的心态。

现实的工作和生活当中经常会遇到各种各样的屋檐，也就是别人的势力范围，只要你人在这势力范围之内，靠这势力生存，那么你就在别人的屋檐下了。这屋檐有的很高，任何人都可抬头站着，但这种屋檐不多，大部分的屋檐都是非常矮的。也就是说，进入别人的势力范围时，你会受到很多有意无意的排斥和限制，以及不知从何而来的欺压，除非你强大到不用靠别人来过日子的程度。即使如此，你也不能保证一辈子都可以如此自由自在，不用在人屋檐下避避风雨。所以，在人屋檐下的心态就有必要调整了。

这一点，在办公室里尤为突出。今天，那些聪明的部属总会想方设法掩饰自己的实力，以假装的愚笨来反衬领导的高明，力图以此获得领导的青睐。当领导阐述其观点后，他马上会装出大彻大悟的样子，并且第一个叫好；当他对某项工作有了好的可行的办法后，不是直接阐发意见，而是在暗地里或用暗示等方法及时告知领导，同时，在表面上再抛出与之相左的甚至很“愚蠢”的意见。时间一长，尽管在大众中形象不佳，有点儿“弱智”，但领导却倍加欣赏，对其“情有独钟”。

有个古老的故事，叫“南辕北辙”。意思是说目的地在南方，但驾车的方向却对准了北方，结果跑得越快，离目标越远。同理，如果上司使用了不忠诚的下属，他总是同自己对着干或者“身在曹营心在汉”，那么这位下属的能力发挥得越充分，可能对上司的威胁性就越大。

善于处世的人，常常故意在明显的地方留一点儿瑕疵，让人一眼就看见他“连这么简单的东西都搞错了！”这样一来，尽管你出人头地，木秀于林，别人也不会对你敬而远之，他一旦认为“原来你也有错”的时候，反而会缩短与你之间的距离。

所以说“争强好胜要有个度”，在必要时要懂得藏锋芒，收锐气，以“不争”的姿态面对每一件事、每一个人，不可不分场合将自己的才能让人一览无遗。你的长处短处被别人看透，就容易被别人操

纵。相反，谦虚的人往往能得到别人的信赖。谦虚，别人才不会认为你会对他构成威胁，才会赢得别人的尊重，从而建立和睦相处的人际关系。

39 可以适当地抬高自己，但不能以贬低别人为代价

现在的社交崇尚自我表现。因为在交际应酬中不会适当抬高自己的人，很难获得高质量的交际效果。善于交际应酬的人，总是尽量把自己的长处呈现于朋友同事面前。比如，伶俐的口才，渊博的学识，温文尔雅的举止，典雅的服饰，都会给人带来一个良好的交际印象。所说抬高自己，在一定意义上说就是努力表现自己。适当地抬高自己并不是清高自负。但是贬低别人，如用旁若无人的高谈阔论、矫饰的表情、夸张的动作来表现自己，就会使人产生反感。

某单位的赵女士，每天总是利用一切机会让人们知道她的存在。一位老兄在遗憾儿子差两分没被清华大学录取，一旁的赵女士生怕没了机会，插嘴道："真是的，我那儿子也不争气，要升初中了，才考了 99 分。"无形之中使老兄处于尴尬之境并结恨在心。旁人也不难看出，她到底是自贬还是自夸。一年秋季，她办完调动手续，满以为会被热情欢送，岂料送行的只有一名例行公事的干部。

例子中赵女士就是抬高自己，贬低别人的典型表现。像这种人生活中还有很多。

如果对他人心怀不满，不惜自己的人格，不惜损害别人的人格，或者“鸡蛋里挑骨头”，或者造谣生事，竭尽诬蔑诽谤之能事，那么，其结果既损害了我们的事业和同事的感情，又“搬起石头砸了自己的脚”，损害了自己。这样，不但没有抬高自己，相反，却被人憎恶、唾弃，使自己难以在社会上立足。

善于显现自己的人与同事交谈时多用“我们”少用“我”，因为后者给人距离感，而前者使人亲切。他们讲话时也很少用“嗯”“哦”“啊”等停顿习惯，这些语气会让人感觉出是一种敷衍、傲慢的官僚习气，而令人反感。

如果有人言谈举止不大得体，或是某位女性服饰不美，你也不要显出自己的优越感，对人投以鄙视的目光。

如果你与某人话不投机，你应该认识到，对方有权保持自认为正确的思想和行为方式，不必为此而挑起舌战。

如果有人对你不客气，你用不着计较，更不必反唇相讥，可一笑置之。显现自己和贬低别人，其表现往往是一步之差，关键在于把握一个适当的分寸。自己的身份、自己对某种技术的掌握程度，以及是否与当时的气氛和谐等都是应考虑的，在此基础上，充分发挥优势，就可能博得别人的好感。若没有这些修养，引人注目只能是虚张声势。

40 人生有太多的时候需要坚决地说“不”字

活着累、活着痛苦的人一般都有一个共同的特征——太爱面子，不管什么事，都不好意思抹下面子。一口一个“没问题”，一口一个“这好办”。因为不会说“不”，不知道惹出多少了麻烦纷争。

当然，说“不”字有技巧，语气尽量要委婉。有的时候，一开始当断不断，后来就会必受其乱。起初自己不加思考答应别人，结果自己无力去承兑诺言，别人会更加的厌恶你，还不如开始就拒绝，以便让别人还有另想办法的时间。一个人的能力总是有限的，总有拒绝别人的时候。当自己拒绝别人时，应当有勇气予以艺术地表达，并且不能顾及面子。

说“不”字并非是一件轻松的事情，能够灵活掌握拒绝的艺术，也说明一个人生存能力强。有些人因为不善拒绝他人，结果自己烦恼缠绕，总叹息无辜受累，而别人怨恨不断，结果导致双方人际关系的紧张。一个人绝对不能“有求必应”，因为你不是“神”。凡事都应允，必然会呈现许多泡沫，在忧烦缠绕中岂有快乐可言。客观来说，许多时候，拒绝关系一般的人比较容易，而拒绝自己的亲朋好友则很难，因为要顾及亲情、友情和面子等东西。

但不管如何，该回避的必须回避，该推辞的必须推辞，为此必须学会说“不”字的艺术。

明人潘游龙的《笑禅录》里有一则小笑话：甲乙是朋友。一天，甲病了，愁眉苦脸的。乙来探望，问：“兄是何病？有什么需要我办的？我都能为你办。”甲说：“我是害了银子的病，只需要二三钱便够了。”乙就假装没听清，咽了咽唾沫说：“你说什么？”

笑话本意是在讽刺虚假的朋友，但从中我们也可体会到拒绝别人的不合理要求时，倘若不委婉，通常会产生尴尬的心理。

生活中，我们经常会遇到他人的请求，比如借钱、帮忙做某事、下属提出加薪的要求等。如果我们对这些请求不愿接受，却又不好意思说“不”，我们就会使自己陷入十分为难的境地：或者违心地答应下来，心里却别别扭扭；或者假装答应却不做，失信于人。

一般来说，我们应该尽可能地帮助他人，因为乐于助人是做人的一种美德，但是帮助别人也不能没有原则。对方的请求，有的是不合时宜或不合情理的，有的是我们没有义务一定要承受的。比如有的人明明自己有存款还向你借钱，原因是怕自己提前取款会损失利息。这样的请求就明显太自私了。有的人好贪便宜，见你有好东西就想要。如你好字画、盆栽摆设，他们便大大咧咧张口：“送给我吧！”这种“夺人所爱”的“请求”也是让人反感的。还有些请求，是强人所难，或根本就是无理要求。对这一类请求，我们心里老大不乐意，却为什么常常点头答应呢？究其原因，大概有如下几种：

（1）接受比拒绝更容易。

（2）担心拒绝后会触怒对方或受到报复。

（3）为了给人一个好印象。

（4）不了解拒绝的重要性。

（5）不知如何说“不”。

知道了原因，我们就要学会如何去拒绝别人，具体方法是：

- 耐心地倾听对方所提出的要求。
- 在你拒绝时，要经过慎重考虑。
- 在拒绝别人时，你的表情应该和颜悦色。
- 拒绝时，要显露坚定不移的态度。
- 最好能给对方一个你拒绝的理由。
- 要让对方了解，你的拒绝是对事不对人的。

拒绝以后，若有可能，你可以为对方提供处理他的请求事项的其他可行途径。

切忌通过第三者拒绝某一个人的请求。

总之，在该拒绝时要拒绝，而且要把“不”字理直气壮地说出口。明人吕坤说：“你说的是，我便听从；我不是听从你这个人，而是听从．是．，哪有什么私心？同样，你说的不是，我便不听从；我不是针对你这个人，我是不听从．不是．，哪里是对你有什么不满？”

生活中，我们都有得到别人理解与帮助的需要，我们也常会收到来自别人的请求和希望。但事实上，谁也无法做到有求必应，因此，每个人都有必要掌握一些拒绝别人的技巧，免得得罪了朋友，影响到自己的人际关系。

学会适当的时候说“不”，并不意味着有人会嘲笑你。或许被拒绝的人会觉得你真诚可靠，不轻易地许诺，反而会增加对你的好感。别忘了，说“不”也是我们的权利。

41 吃亏何尝不是一种福气

你爱吃亏吗？对于这个问题，我想每个人的回答应该都相同，那就是“NO”。人生几十年，谁不曾吃过亏，但谁都不爱吃亏。不过，糊涂学则认为吃亏是福。

吃亏并非都是坏事。一个人能吃亏，是宽容大度、忍辱负重、能屈能伸的象征。不过，吃亏并不是轻易能做到的，需要有容忍雅量。“吃亏是福”并不是简单的阿Q精神，而是福祸相依、付出与得到的生活辩证法，是一种深刻的人生哲学。信奉“吃亏是福”，不仅可以使自己的心胸变得宽阔，更加乐观、积极，而且当自己遇到困难时，也能得到更多人的真心帮助。

著名职业经理人唐骏在卡拉OK盛行的时候，研发了一个专门用于卡拉OK设备上用的打分机，演唱者唱完一首歌后，打分机会自动打出分数，这一设备增加了卖点。三星公司以8万元的价格买断唐骏该项专利后，其卡拉OK设备在整个市场所占的份额一下子从百分之十几提高到百分之三十多。三星的竞争对手日本先锋公司向三星购买专利使用权，花了150万元。三星依靠该项专利成为大赢家，很多朋友都觉得唐骏特别亏。国内软件行业的旗帜型人物求伯君做的第一桩买卖更亏。他编写的西山打印驱动程序以2000元的价格卖给了四通公司后，四通公司将该程序以500元一套的价格卖了好几百套。

这两位IT行业的风云人物，在谈到早年的吃亏经历时，却没有一丝遗憾，相反，都对当年的吃亏心怀感激。唐骏说，应该感谢三星公司，如果没有三星来买这项专利，就没有我创业之初的8万元启动资金，也许后来的事业不会有现在这么顺利。同样，唐骏也认为，这件事也教会他如何将专利变成商品，使他从一个学者型的人变成一个事业型的人。求伯君则认为，四通也没有薄待他，录用他做了一段时间的专职软件技术员，从而为他后来步入金山公司、开发WPS软件奠定了基础。更重要的是，这次买卖让他明白了经营在软件行业中的重要性。以后，他把金山公司总裁的位置让给了有经营头脑的雷军，自己专心搞软件开发，金山公司迅速腾飞，而求伯君也因此成为IT行业的巨富。

综观以上两位成功人士的吃亏经历，竟然都被当事人理解为福分，可见“吃亏是福”不是阿Q式的精神自慰，而是一种处世的智慧。吃亏是福。我们要学会正确地调整心态，坦然面对吃亏，从而让我们能在人生路上走得踏踏实实，快快乐乐。

工作中，有些工作不是分得很清，谁多做？谁少做？如果大家都想占便宜，那肯定有许多事情就没有人去做，这样的结果是你们这个集体的名誉受到影响，真所谓占小便宜吃大亏，如果大家都不怕吃亏，有什么事情都抢着做了，也许这次你吃亏了，也许下次他吃亏了，但是，工作都完成了，集体荣誉有了，大家感情融洽了，工作氛围好了，相比下来，虽然吃点小亏，还是收获了“福”。

朋友相处，也是这样，如果都想着占别人的便宜，也许你会得逞一两次。可是，时间久了，谁还会相信你这个朋友？朋友讲究的就是为对方考虑。虽然，“为朋友两肋插刀”是常人难以达到的境界，但凡事多想着点朋友，朋友交往不是一次两次，也不是一两天，所以也不能计较是不是吃亏。时间长了，彼此都很了解了，因为偶尔的吃亏，得到一辈子的好友，这难道不是福吗？

对待家人，也是如此。父母心甘情愿地吃亏，做子女的也不能理所当然地占这个便宜，要体会父母的一份真情。同时，你也要能为家人吃亏，大家都能让上三分，还会有什么家庭矛盾，这难道不也是福吗？

42 生存靠的是理性而不是意气

一提到审时度势、相机而动，大家很容易联想到墙上草，迎风无力，任意东西，左右摇摆不定，风吹向哪里，便倒向哪边。不用说，很多人都喜欢那种迎风挺立的苍松，认为没有定性随风而倒的小草不好。其实，事物总是具有两面性，任何事物都有长处，也都有短处。正如孔子所说：“择其善者而从之，其不善者而改之。”

墙头之草固然是左右摇摆，但也并不失为一种求存之道。试想几尺高墙之上生有一草已属不易，寸土之上，瓦砾之间，独出新芽，婀娜于天地之间，岂非奇事？墙头草自知身单力薄，生性柔弱，便避免与这强风劲吹分庭抗礼。随风而动，因风而摇。都说它错了，它却能

保存自己，挺立于墙头之上。

海中礁石傲然挺立，敢与海浪争锋。排浪滔天，礁石却迎风顶浪，屹然不动，终落得千沟万痕，伤痕斑斑，坑坑点点。都说礁石好，却落得面目模糊、断肢残骸。

因此，我们不能说墙上草就无可取之处，墙上草随风倒正是为了求存。试想，如果连自身都保不住，还要谈什么宏伟的理想、远大的志向，还创什么宏图大业。

俗语说："识时务者为俊杰。"

要想在复杂的社会上求得生存，就必须在坚持原则的基础上懂得应变的道理。善于权变，审时度势，相机而动，古来许多成功者的成就都足以说明，不懂变通的人很难在事业上有成就。

在日常工作交往中，经常出现这样的情况，某件事情明摆着是上一级领导耽误了或处理不当。可在追究责任时，上面却指责下级没有及时汇报，或汇报不准确。

在某机关中就出现这样一件事：部里下达了一个关于质量检查的通知后，要求各省、市的有关部门届时提供必要的材料，准备汇报，并安排必要的下厂检查。某市局收到这份通知后，照例是先经过局办公室主任的手，再送交有关局长处理。这位局办公室主任看到此事比较急，当日便把通知送往主管的某局长办公室。当时，这位局长正在接电话，看见主任进来后，只是用眼睛示意一下，让他放在桌上即可。于是，主任照办了。然而，就在检查小组即将到来的前一天，部里来电话告知到达日期，请安排住宿时，这位主管局长才记起此事。他气冲冲地把办公室主任叫来，一顿呵斥，批评他耽误了事。

在这种情况下，这位主任深知自己并没有耽误事，真正耽误事的正是这位主管局长自己，可他并没有反驳，而是老老实实地接受批评。事过之后，他又立即到局长办公室里找出那份通知，连夜加班加点，很快地把所需要的材料准备整齐。这样，局长反而愈发看重这位忍辱负重的好主任了。

为什么他明明知道这件事不是他的责任，而又闷着头承担这个罪名、背这个黑锅呢？很重要的一点就在于，这位主任知道，必要的时候必须为上司背黑锅。就是说，在上司把某些事故的责任推到你身上时，必须“忍”。这样，尽管眼下自己会受到一点损失，挨几句批评，但到头来，自己仍然会有相当大的好处，事实也证明他是正确的。

对于生活，坚强与随遇而安同样重要。如果我们要与生活的法则对抗，一味地按主观愿望行事，那么我们可能遭遇失败。所以面对生活中的是是非非，我们有时不必一定要让自己身陷其中，试图让自己能够还原生活的本来面目，以证明自己的清白与无辜。殊不知，生活是复杂性的。有时候，很多事情越想弄明白，反而越来越糊涂了。人们常说的“越描越黑”就是这个道理。所以，在一些非原则性的是非曲直面前，我们无须去澄清什么，时间会替我们做出最好的证明。我们唯一的选择就是顺其自然，就像生活本来就是那样的一样。

在事业上，大多数人都希望自己能够出人头地、出类拔萃，可是人生中有很多东西不是我们所能控制的，所以学会妥协也是一种生存的方式。愿望无法满足的时候，就试着学会放弃吧！得不到满足是一种遗憾，而不能掌握生存的本领却是一种失败。

退一步是一种妥协，是一种策略，并不是屈服和投降，它其实是一种非常务实、通权达变的智慧，对于人生来说，生存毕竟是第一要义，而生存靠的是理性而不是意气。

43

正确认识失败

楚汉战争中，项羽仅仅败过一仗而已，却因仅此一仗失利，便把江山社稷拱手让给了刘邦。项羽是历史上有名的军事家，却输在他那高高不可侵犯的军人自尊里。

项羽曾有一次生擒过刘邦，眼看中国就是他的了！百姓从此可以安养生息，谁知项羽竟然钦佩刘邦是一个了不起的战士，决意放刘邦一条生路，来日再战。

刘邦永远不能体谅项羽的仁德，即使谢过项将军，他要的是天下，不是感念他的不杀之恩，因此，刘邦还要发誓拿下项羽的脑袋。

刘邦从来没有在战场上胜过项羽一回，但他从不羞愧，羞愧不是他的任务，他的任务是要重返家乡再召兵卒。没什么天大的事可让刘邦松手的，哪怕要让刘邦赢了一仗，仅此一仗，就是天下。

项羽曾下令把成为他阶下囚多年的刘邦的父亲，绑在烧得热滚滚的油锅前。刘邦被喝令撤回自己所有的将士，否则将眼睁睁地看着自己的父亲被热油烫死。

刘邦扬鞭催马来到队列前，大声喊道："项将军，我们曾是歃血为盟的兄弟，我的父亲就是你的父亲。倘若你要煮我们的父亲，请给我留一杯肉汤。”

楚汉相争的结局我们都是知道的，战败的项羽因无颜见江东父老，自杀身亡。他的羞愧，成为日后教科书里的佳话与武士荣耀的象征。项羽为什么不能像刘邦一样图谋再起？为什么不能厚颜回乡招募民兵？再干一场！

而那位中国历史上第一位登上天子之位的平民，就是脸皮肥厚的刘邦了。是这敢赢、敢输，怎么样都打不死的斗士，靠着韩信、萧何和张良这三位奇人，兴起了统治中国长达四个世纪的大汉朝。

林肯是美国历史上最伟大的总统之一。他在当选美国总统之前遭遇的几乎全是失败。1818 年，他的母亲去世。1831 年经商失败。1832 年，工作也丢了，1833 年向朋友借钱经商，很快破产，花了 16 年才把债务还清。1835 年订婚后不久未婚妻死了，他的心也碎了。1836 年精神崩溃，卧床不起 6 个月。1848 年寻求国会议员连任——失败了，1854 年、1858 年两度落选美国参议员，直到 1860 年当选总统。

这其中的每一次失败都是痛彻心灵，如果像项羽那样失败以后就“无颜见江东父老”、“刎颈自杀”，那林肯早就不知“羞”死过多少回了。但林肯没有一次“羞”得死去，而是一次一次顽强地站了起来，他没有放弃自己的理想，成为美国历史上最伟大的总统。

要走出现有的格局，就要不怕出丑、不怕失败。因为生命对于每个人只有一次，生命不要你的悔恨。错过自己的生命，就是对人生最大的浪费。

44 把口才当作一种生存的本领

也许有人会这样说：世界上能成为政治家、外交家的有几人？自己只是个普通人，做着普通的事情，口才不口才、会不会说话办事无关紧要。此话差矣。北宋政治家王安石就认为言能显才，虽然你不以口才为能，但别人尤其是领导者、管理者却往往根据你如何说话来判定你的综合能力。因为口才是充分展示一个人思想修养、道德素质、业务能力和工作作风的最直接、最有效的窗口。透过这个窗口，他人可对你进行全面、深入地认识和了解，你也可因此取得他人的信任，从而把握住难得的一展才华的机会。

古往今来，不知有多少人，凭着良好的口才，改变了自己平凡的命运。

春秋战国是我国舌辩之士的鼎盛时期。纵横家们游说列国诸侯，或献合纵之计，或献连横之策，一言既出，天下大变。名流之士凭着三寸不烂之舌，得宠于君王，官至一人之下、万人之上，好不得意。

张仪凭舌辩之才当上了秦国的宰相，但最初他只不过是魏国落魄贵族的后代。有一次，张仪到楚国游说时跟楚国宰相一起饮酒，不久楚相丢了一块玉璧，门客们便怀疑张仪，说："张仪贫穷，品德不好，一定是张仪偷去了玉璧。”人们于是把张仪绑起来，拷打了几百下后才释放。张仪的妻子说：“唉！假如你不读书游说，怎会受到这样的侮辱？”张仪却对妻子说：“你看看我的舌头还在吗？”妻子忍俊不禁，说：“舌头还在。”张仪说：“这就够了！”后来，张仪果然凭着自己的辩才雪了耻，还取得了秦国的宰相之位。

与张仪同时代的苏秦，最初以连横的理论游说秦王，遭到冷遇，最终沮丧而归。他的父母因他没出息而不认这个儿子，他的嫂子甚至不给他做饭吃，使他受尽了羞辱。逆境激发了斗志，于是他头悬梁、锥刺股，通宵达旦秉烛读书，终于提出了联合抗秦的合纵论；同时他也苦练舌辩功力，终于成为一个能言善辩的饱学之士。当他再次游说列国诸侯的时候，宏论阔议，倾倒六国君王，挂上了六国相印，最终这位足智多谋的策士获得了极大成功。其口才创造的奇迹令人叹为观止。

把普通人变成有所成就的人，好的口才确为不可或缺的一种资本。

总之，口才作为现代人的一种重要能力而在社会竞争中发挥着越来越重要的作用。可以这样说，在现代社会里，培养口才，是社会发展的需要，更是18岁以后的你完善自我的需要。

45 出言当有所思，不要口无遮拦

总想一吐为快、口无遮拦是很多麻烦的源头。比如某君有不可告人的隐私，你说话时偏偏在无意中说到他的隐私，说者无心，听者有意，他会认为你是有意跟他过不去，从此对你恨之入骨。

如果你与对方非常熟悉，绝对不能向他表明，你绝不泄密，那将会自找麻烦。唯一可行的办法，只有假装不知，若无其事。他有阴谋诡计，你却参与其事，代为决策，帮他执行。从乐观的方面来说，你是他的心腹；而从悲观的方面来说，你是他的心腹之患。

你有得意的事，就该与得意的人谈；你有失意的事，应该和失意的人谈。说话时一定要掌握好时机和火候。不然的话，一定会碰一鼻子灰，不但目的达不到，而遭冷遇、受申斥也是意料中的事。有些奸佞小人，巧妙地利用了别人在说话时机、场合上的失误，拿他人当枪使，以达到损人利己的目的。

有句老话叫做“祸从口出”，为人处世一定要把好口风，什么话能说，什么话不能说，什么话可信，什么话不可信，都要在脑子里多绕几个弯子，心里有个小九九。害人之心不可有，防人之心不可无。一旦中了小人的圈套为其利用，后悔就来不及了！

每个人都有自己的秘密，都有一些压在心里不愿为人知的事情。

同事之间，哪怕感情不错，也不要随便把你的事情，你的秘密告诉对方，这是一个不容忽视的问题。

你的秘密可能是私事，也可能与单位的事有关，如果你无意之中说给了同事，很快，这些秘密就不再是秘密了。它会成为单位上下人人皆知的故事。这样，对你极为不利，至少会让同事多多少少对你产生一点“疑问”，从而对你的形象造成伤害。

还有，你的秘密一旦告诉的是一个别有用心的人。即使他不在单位里传播，但在关键时刻，他也可能拿出你的秘密作为武器回击你，使你在竞争中失败。因为一般说来，个人的秘密可能是一些不甚体面、不甚光彩甚至是有很大污点的事情。这个把柄若让人抓住，你的竞争力就会大大地削弱了。

小窦是某唱片公司的业务员，他因工作认真、勤于思考，业绩良好被公司确定为中层后备干部候选人。只因他无意间透露了一个属于自己的秘密而被竞争对手击败，终于没被重用。小窦和同事李为私交甚好，常在一起喝酒聊天。一个周末，他备了一些酒菜约了李为在宿舍里共饮。俩人酒越喝越多，话越说越多。酒已微醉的小窦向李为说了一件对任何人也没有说过的事。

“我高中毕业后没考上大学，有一段时间没事干，心情特别不好。有一次和几个哥们喝了些酒，回家时看见路边停着一辆摩托车，一见四周无人，一个朋友撬开锁，由我把车给开走了。后来，那朋友盗窃时被逮住，送到了派出所，供出了我。结果我被判了刑。刑满后我四处找工作，处处没人要。没办法。经朋友介绍我才来到厦门。不管咋说，现在咱得珍惜，得给公司好好干。”

小窦在公司三年后，公司根据他的表现和业绩，把他和李为确定为业务部副经理候选人。总经理找他谈话时，他表示一定加倍努力，

不辜负领导的厚望。

谁知道，没过两天，公司人事部突然宣布李为为业务部副经理，小窦调出业务部另行安排工作岗位。

事后，小窦才从人事部了解到是李为从中捣的鬼。原来，在候选人名单确定后，李为便找到总经理办公室，向总经理谈了小窦曾被判刑坐牢的事。不难想象，一个曾经犯过法的人，老板怎么会重用呢？尽管你现在表现得不错，可历史上那个污点是怎么也不会擦洗干净的。

知道真相后，小窦又气又恨又无奈，只得接受调遣，去了另一个部门上班。

既然秘密是自己的，无论如何也不能对同事讲。你不讲，保住属于自己的隐私，没有什么坏处；如果你讲给了别人，情况就不一样了，说不定什么时候别人会以此为把柄攻击你，使你有口难言。所以说，只有恰到好处地把握好说话的分寸，才会在与人交往的过程中做到游刃有余，而且也不会给自己招致祸端。

除了避免引起别人记恨而招致祸端，你还要注意，每个人都有自己不喜欢提及的话题，如果你说话口无遮拦，那么就一定会让对方不高兴。所以在说话时还要讲究“忌口”：敏感的话题不要碰，人家的隐私不要问，否则你就会得罪人。

为了避免引起别人的不快，一定要避免探问对方的隐私。在你打算向对方提出某个问题的时候，最好是先在脑中过一遍，看这个问题是否会涉及对方的个人隐私。如果涉及了，要尽可能地避免。这样对方不仅会乐于接受你，还会为你在应酬中得体的问话与轻松的交谈而对你留下好印象，为继续交往打下良好的基础。

有人喜欢当众谈及对方隐私、错处。心理学研究表明：谁都不愿把自己的错处或隐私在公众面前“曝光”，一旦被人曝光，就会感到难堪而恼怒。因此，必要时可采用委婉的话暗示你已知道他的错处或隐私，让他感到有压力而不得不改正。知趣的、会权衡的人自会适可而止，一般是会顾全自己的脸面而悄悄收场的。当面揭短，让对方出了丑，说不定会恼羞成怒，或者干脆耍赖，出现很难堪的局面。至于一些纯属隐私、非原则性的错处，最好的办法是装聋作哑，千万别去追究。

在交际场上，人们常会碰到这类情况，讲了一句外行话，念错了一个字，搞错了一个人的名字，被人抢白了两句等。这种情况，对方本已十分尴尬，深怕更多的人知道，你如果作为知情者，就不必大加张扬，故意搞得人人皆知，更不要抱着幸灾乐祸的态度，以为“这下可抓住你的笑柄啦”，来个小题大做，拿人家的失误做笑料。因为这样做不仅对事情的成功无益，而且由于伤害了对方的自尊心，你将结下怨敌。同时，也有损于你自己的个人形象，人们会认为你是个刻薄饶舌的人，会对你反感、有戒心，因而敬而远之。所以，不要故意渲染他人的失误。这也是一个人较好修养的表现。

46 好吹大话的人给自己徒增笑柄

吹分两种，一种是以吹行骗，吹的目的是为了让人相信自己子虚乌有的东西，从而蒙别人一把；另一种则纯粹为了挣面子，久而久之吹就成了他的语言习惯，人们习以为常之后，吹不仅给他挣不来面

子，却给他增加笑柄。

吴研人的小说《二十年之目睹怪现状》里，就描述了一个破落户，穷困潦倒，却还要装样子充阔，结果在众目睽睽之下丑态百出。故事讲的是：

有一天，高升到了茶馆里，看见一个旗人进来泡茶，却是自己带的茶叶，打开了纸包，把茶叶放在碗里时，那堂上的人道："茶叶怕少了吧？"

那旗人哼了一声道："你哪里懂得：我这个是大西洋红毛法兰西来的上好龙井茶，只要这么三四片就够了，要是多泡了几片，要闹到成年不想喝茶呢。"

堂上的人，只好给他泡上了。高升听了，以为奇怪，走过去看看。他那茶碗中间，飘着三四片茶叶，就是平常吃的香片茶。那一碗茶的水，莫说没有红色，连黄也不曾黄一黄，竟是一碗白冷冷的开水。高升心中已是暗暗好笑。

后来他又看见他在腰里掏出钱来，买了一个烧饼在那里撕着吃，细细咀嚼，像很富有的光景。吃了一个多时辰方才吃完。忽然又伸出一个指头儿，蘸些唾沫，在桌上写字，蘸一口，写一笔。高升心中很以为奇，暗想这个人何以用功到如此，在茶馆里还临字帖呢。细细留心去看他写什么字。原来他哪里是写字，只因为他吃烧饼时，虽然吃得十分小心，但那烧饼上的芝麻，总不免有些掉在桌上，他要拿舌头舔了，拿手扫来吃了，恐怕人家看见不好看，失了身份，所以在那里假装着写字蘸来吃。看他写了半天字，桌上的芝麻一颗也没有了。他又忽然在那里出神，像想什么似的；想了一会，忽然又像醒悟过来似的，把桌子狠狠地一拍，又蘸了唾沫去写字。你知道为什么吗？原来他吃烧饼的时候，有两颗芝麻掉在桌子缝里，任凭他怎样蘸唾沫写字，总写不到嘴里，所以他故意做忘记的样子，然后又忽然醒悟，把桌子拍一拍，那芝麻自然震了出来，他再装成写字的样子，自然就到了嘴了。

烧饼吃完了，字也写完了，他又坐了半天，不肯去。天已晌午了，忽然一个小孩子走进来，着他道：“爸爸快回去，妈妈要起来了。”

那旗人道：“你妈要起来就起来，要我回去做什么？”那孩子道：“爸爸穿了妈的裤子出来，妈在那里急着没有裤子穿呢！”

旗人喝道：“胡说！妈的裤子，不在皮箱里吗！”说着，使一个眼色，要使那孩子赶快离开。

那孩子不领会，还在那里说道：“爸爸只怕忘了，皮箱早就卖了，那条裤子，是前天当了买米的。妈还叫我说：屋里的米只剩了一把，喂鸡儿也喂不饱了，叫爸爸快去买半升米来，才能做午饭呢。”

那旗人大喝一声道：“滚你的罢！这里又没有谁跟我借钱，要你来装这些穷话做什么？”

那孩子吓得垂下了手，连应了几个“是”字，倒退了几步，方才出去。

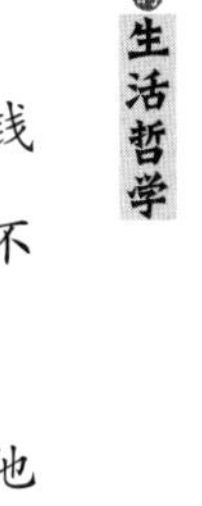

那旗人还自言自语道：“可恨那些人，天天来跟我借钱，我那里有许多钱应酬他，只能装着穷，说两句穷话；其实在这茶馆里，那里用得着呢。老实说，咱们吃的是皇上家的粮，哪里就穷到这个份儿呢！”说着，站起来要走。

那堂上的人，向他要钱。他笑道：“我叫这孩子气懞了，开水钱也忘了付。”说罢，伸手在腰里乱掏，掏了半天，连半根钱毛也掏不出来。嘴里说：“欠着你的，明日还你罢。”

那个堂上不肯，无奈他身边真的半文都没有，任凭你扭着他，他只说明日送来，等一会送来，又说那堂上的人不长眼睛：“你大爷可是欠人家钱的吗？”

那堂上说："我只要你一文钱开水钱，不管你什么大爷二爷。你还了一文钱，就认你是好汉；还不出一文钱，任凭你是大爷二爷，也得留下个东西来做抵押。你要知道我不能为了一文钱，到你府上去收账。"

那旗人急了，只得从身上掏出一块手帕来抵押。那堂上抖开一看，是一块方方的蓝洋布，上头脏得了不得，看上去大约有半年没有洗过了，便冷笑道："也罢，你不来取，好歹可以留着擦桌子。"那旗人方得脱身去了。

大多数的小孩子都喜欢吹肥皂泡，被吹出来的肥皂泡在阳光下闪耀着色彩艳丽的光泽，实为美妙。随着五彩泡泡的不断升高，接着一个接一个纷纷破碎。所以人们常把说空话、大话喻为吹肥皂泡，真是恰当不过。对一些充满各种动听、虚幻诱人的词句，细细咀嚼却没有任何实在的内容，是迟早会破灭的。因此，年青人要养成不吹大话的好习惯。

47 出口成章的能力是可以培养出来的

有的人随时随地都可以出口成章，有的人却有货倒不出。说话的能力可能与遗传因素有关，但并不是决定性因素。

假如一个人具备了一定的文化知识，而口齿又比较清楚，那么他的说话能力如何很大程度上取决于他的语感。

所以培养语感是训练说话能力的重要一环。

语感敏锐，可以说是一个人的口才、学识和智慧的一种标志。

语感是指人对语言的感知和反应能力。

书面语言有着思考的余地，口语表达就必须是直接沟通，即兴构思，不可能总是依循规则。敏锐的语感、机智的口才绝非才子名人固有的专利，任何人都是可以后天培养的。

培养语感重在以下三个方面：

（1）积累语言素材

积累语言素材主要是指积累词汇。

词汇的数量要比一般掌握的字数大许多倍，难以统计。我们要培养敏锐的语感，首先要积累词汇，否则，语感只是空中楼阁。

有位教务处的老师在谈到建立教学档案的经验时，一连用了“翻阅”、“调阅”、“借阅”、“参阅”、“查阅”等不同的词汇，来表达不同的借阅档案形式。其实，这里的“翻阅”、“调阅”、“借阅”、“参阅”等词都是“察看”和“了解”的意思，但因借阅人的身份和用处不同又各有区别。表现了说话人丰富的学识。

要积累词汇必须处处留心。

平时读书看报、与人交谈、听课、收听广播、观看影视等，随时都能获得新的有用的词语，尤其是阅读优秀的文学作品，更能获得丰富多彩的词语。关键是要认真搞清楚每个词的音、形、义，随时零存在记忆中，选抄在笔记中，使用在表达中。久而久之，就会有许多精词妙语供你随时随地选用了。

假如你是搞音乐比赛的主持，除了要有这方面的知识、规则，了解参赛者的有关情况之外，还要注意积累这方面的词汇。如：声情并

茂，字正腔圆，高亢嘹亮等。

如果你有很多的词语渲染气氛，你这个主持人自然就给人博学多识的印象了。当然，词汇不可滥用，多了，也会造成卖弄的印象。

（2）辨析词语特点

词语的妙用，有许多微妙复杂之处，语感的敏锐意味着用词选句又快又准，这就要对每个词的词性、程度、色彩以及相互搭配的特点加以分辨。如："讲话"、"讲课"、"讲解"、"讲座"、"讲演"等词，主要的意思都是讲，但讲的内容、对象、场合和范围有所不同，是不能互相代替的。加强语感就要从这些细微之处入手。

同义词、近义词的不同色彩和意味都是要着重注意的，如果忽视了细微的差别，把贬义词当作褒义词或中性词，把适用于书面的词语用在口头上，那就会闹笑话。

"接到你从千里之外捎来的礼物，我内心的激动真是罄竹难书！""罄竹难书"固然是程度很深，无法说尽的意思，但一般是指罪行严重，用在这里就很不恰当。当然，也并非绝对不能用于罪过以外的事物，如"我小时那个傻劲哟，真是罄竹难书！"这样说带有调侃的意味，也有奇妙的效果。

口头语和书面语的区别也是一个值得注意的问题。有些词句只适于口头或书面，用反了也会闹出笑话。比如熟人见面常会招呼一声："你吃了吗？"如果换成"你进餐了吗？"别人自然感到别扭。又比如"一日曝之，十日寒之。"用在书面未尝不可，但口头上这么说人家就会嫌你咬文嚼字，倒不如"三天打鱼，两天晒网"来得明白自然。

（3）养成遣词造句的习惯

培养这个习惯的主要方法是多听多读，经常接受良好的语言刺激和熏陶。

所谓“良好”是指语言的质量较高，既符合规范，又简洁生动。

有些尚未学过语法的孩子为什么说话通顺，头头是道呢？

因为他从大人的言谈话语中得到了良好的熏陶。

学校里的语文课为什么要学许多典范文章呢？

因为这些范文正是遣词造句、组织语言的示范。

语言能力较强的青少年为什么大都得益于大量的课外阅读呢？

因为大量的阅读有利于培养敏锐的语感。

我们说的话和书报上印的文章、句子的数目是无限的，可是句子的构成格式是有限的。如果我们多听多读，经常接受符合规范、质量较高的语言刺激，那么无形之中我们就会养成一种正确的遣词造句的习惯。

总之，出口成章的能力是完全可以培养出来的，要使自己能在交际活动中如鱼得水，首先一定要有良好的语感基础。如果你觉得自己的语言能力还有欠缺，那么，就请你从以上的三个方面努力吧。

48 控制情绪就能控制人生

无论是做事还是做人都不能由着自己的性子来，如果有人因此夸你是什么“性情中人”，你就要小心了，那是在变相地说你无知、幼稚。

生活中我们有时会见到，在地铁里抢座位，在公交车上挨了一下挤，当事人因不能克制自己，而引发争吵、咒骂、打架，甚至流血冲突的情况。在社会治安案件中，相当多的案件都是由于当事人不能冷静地处理微不足道的繁琐小事而发生的。

人皆有七情六欲，遇到外界的不良刺激时，难免情绪激动、发火、愤怒。这是人本能的生理和心理反应。但这种激动的情绪不可放纵，因为它可能使你丧失冷静和理智，不计后果地行事。因此，当你遇到纠纷，面对人际矛盾时，要学会克制，学会忍耐，不要像火药引线一样，一点就着。

中国古代打仗时，如果守城的一方宣布闭门停战，攻城的一方便在城下百般秽骂，非要惹得那守城的一方怒火中烧，带领人马杀出城来——攻城的才可以乘机获胜。兵法上称之为“激将法”。但如果守城的能克制忍耐，对方也就无计可施了。不但敌我作战之际需要有克制忍耐的大将风度，就是日常生活中待人处事，也须有克制忍耐的涵养。

真正能控制自己情绪的人，无论祸福险夷的来临，还是横逆生死之际；无论处在功名富贵之中，还是处在山林贫贱之际，他们的心中总有一个自己的主宰存在，不被外物与环境所潜移默化。

《宋吏》记载：向敏中，天禧（真宗年号）初，任吏部尚书，为应天院奉安太祖圣容礼仪使，又晋升为左仆射，兼任门下侍郎。有一天，与翰林学士李宗谔相对入朝。真宗说：“自从我即位以来，还没有任命过仆射的。现在任命向敏中为右仆射。”这是非常高的官位，很多人都向他表示祝贺。徐贺说：“今天听说您晋升为右仆射，士大夫们都欢慰相庆。”向敏中仅唯唯诺诺地应付。又有人说：“自从皇上即位，从来没有封过这么高的官，不是勋德隆重，功劳特殊，怎么能这样呢？”向敏中还是唯唯诺诺地应付。又有人历数前代为仆射的人，都是德高望重。向敏中依然是唯唯诺诺，也没有说一句话。退出后，有人问厨房里的总管，今天有亲戚宾客的宴席吗？回答也没有一人。

第二天上朝，皇上说：“向敏中是有大能耐的官职人员。”向敏中对待这样重大的任命无所动心，大小的得失，都接受。这就做到了喜怒不形于色，人们三次致意恭贺，他是三次谦虚应付，不发一言。可见他自持的重量，超人的镇静。正如《易经》中所说：“正固足以干事”。所以他居高官重位三十年，人们对他几乎没有怨言。

49 不要过于展露锋芒

著名的古代哲学家老子认为有智慧的人，应该具备一种“大成若缺”、“大盈若冲”、“大直若屈”、“大巧若拙”、“大辩若讷”的内敛功夫：真正技术高明的人，总是看起来普普通通；真正辩才无碍的人，总是看起来木木讷讷的样子。这是免遭嫉妒，保护自我的一种大智慧。只有这样才能够在为人处世上游刃有余、置危险于身外。

如此看来，有才能的人不一定是幸福的人，因为才能不仅能带来荣耀，更能导致灾难。才能让人羡慕，也让人嫉妒。才能出众如同树大招风，心胸狭窄的无能之辈总是与有才能的人为仇的。因此，有才能的人更应懂得内敛的重要性、懂得如何去运用它。要不然定会在这方面栽跟头——

唐代大诗人白居易才高八斗，刚直耿介。他在朝为官时，许多无才无德的小人就重点攻击他。

一次，唐宪宗召见白居易，对他说："你诗名很大，为人忠直，不像是个奸诈之人，可为什么总有人弹劾你呢？"

白居易说："皇上自有明断，我说什么也是无用的。不过依我看来，我和那帮人道不同，不相为谋，一定是他们嫉恨我的才华忠直。否则，我和他们无冤无仇，他们为什么会无端诬陷我呢？"

白居易自知难与小人为伍，却不屑掩饰锋芒，他对那些无能之辈常出口讥讽，绝不留半点情面。

一次，朝中一位大臣作了一首小诗，奉承他的人不在少数。白居易看过小诗，却哈哈一笑，说："如果说这是一首好诗，那么天下人都会写诗了。"

事后，白居易的一位朋友劝他说："你身处官场，不应该当众羞辱别人。你不是和朋友谈诗论道，在朝堂上若讲真话，人家只会更加恨你了。"

白居易说："我最看不惯不懂装懂之人，本来我不想说，可还是压抑不住啊。"白居易自恃有才，说话办事往往少了客气。他对皇上也大胆进言，只要他认为不对的事，他就直言上谏，全不顾任何禁忌。

河东道节度使王锷为了晋升官职，大肆搜括百姓，他向朝廷献上了很多财物，唐宪宗于是准备让他当宰相。

朝中大臣都没有意见，只有白居易站出来反对。唐宪宗生气地说："你是个才子，就该与众不同吗？你每次都和我唱反调，你是何居心呢？"

皇上发怒了，嫉恨他的小人趁势说他恃才傲物，目中无人。一时，白居易的处境更加恶劣，格外孤立。

大臣李绛同情白居易，劝他收敛锋芒，说：“一个人如果因为才高招来八方责难，他就该把自己装扮得平庸了。你的见识虽深刻远大，但不可显示出来，你为什么总也做不到呢？这也是为官之道，不可小看。”

最后，白居易还是因为上谏惹祸，被贬出朝廷。

白居易的才能人所共知，他尽忠办事，见解高明，却不能建功，只因他的才能过于外露，优点反变成了缺点。

世上没有绝对的公平，相信才能万能的人只能算幼稚。人们应当时刻提防小人的暗箭和中伤，把最能让他们嫉妒的东西藏起来，避免不必要的纠缠。

内敛，可以说是我们为人处世的传统方式。不以物喜，不以己悲，是一种内敛；智欲方而行欲圆，也算一种内敛；凡事不张扬，得意不忘形，富足时不骄矜，位卑或者贫穷时也不谄媚，更是一种内敛。

做人处世，当谦虚谨慎，虚怀若谷，内敛而不张扬，即使你的才华在众人之上，在必要的时候还是保留一些比较好。古人云“君子泰而不骄，小人骄而不泰”，说的就是仪表、行为上的差异。它告诫我们，在日常的生活、工作中，要时刻注意自己的言行举止，懂得在谦虚中善学，懂得在内敛中进步，而不要不知天高地厚，摆出一副唯我独尊、锋芒毕露的骄姿傲态。

50 有机会多到外面走一走、看一看

见过很多这样的年轻人，他们只习惯在自己家里生活，最多在自家附近转悠。农耕文明时代，很多人终生都未出远门，老死在一座山梁下，或一条水沟边。当然，对家的依恋并不是什么坏事。家，是一个遮风挡雨的好地方，而且在自己熟悉的环境中生活，人熟是一宝。但人生的驿站不能太少，太唯一。譬如牛羊吃草，一个地方的草吃光了，就必须再换一个地方安营扎寨。再说，不边吃边走，怎么知道另外的地方草更多呢？牛羊总是边吃边走的，这似乎是动物高明的本能。随着工业文明的发展，科学技术极大地改变了世界的交通状况和通信状况，世界变小了，人们对世界的了解增多了，出门交朋友，出门看世界的机会也增多了。但仍有很多人对家的依赖太强，对自己熟悉的生存环境依赖太强，他们仍然是现代社会中的井底之蛙，封杀了自己发展的机会。

应该说，世界比你的家大，世界比你的学校大，世界比你居住的城市大。有很多大城市、大原野及名山古刹在你家之外，你应该去外面的世界看一看，看看世界上其他的人们，他们在做些什么事，他们和你有哪些不同？古人也教导我们，读万卷书，行万里路。他们在强调阅历的重要，没有丰富切实的人生感受，读再多的书也没有用，也不可能真正悟透其中的道理，看破事物的玄妙。中国古代大史学家司马迁，年轻时就游历甚广，这为他后来的《史记》创作既提供了很多第一手的资料，又为他真切地感知人生奠定了深厚的基础。大诗人李白，更是终生漂流，上至帝王将相，下至黎民黔首，都是他熟悉的对象，所以他的诗思才能想象宏大，洞穿幽微，感人至深。所以，年青人应该走出家门，到更大的世界去闯荡。

走出家门之后，你一下子就会发现，世界确实很大、很精彩、很美妙、很富有，可是它们都是别人的。在家中，你是爸爸妈妈的宝贝，掌上的明珠，而在这个世界里，你是什么，谁也不会把你当回事。当你对世界初次接触的那种新奇感消失后，你会发现很多让你很沮丧的事情，你完全处在一个十分沮丧的位置上。离开了你熟悉的环境，你一下变得很孤单、陌生、无助，找一个吃饭、睡觉的地方也很不容易，又费钱，又不舒服，完全不符合你的习惯。甚至连买一张车票这种很琐碎的事情，你也无能为力，需要大费周折。至于那些偶发事件，更是让你恼火。车匪路霸，小偷无赖，你对他们既愤怒又无奈。身处在这个世界中，你实实在在感到你是一个外地人，口音不同，长相不同，你没有朋友，没有亲人，连一个熟人也没有。

古人说："在家千日好，出门一时难。"此时你最有体会。父母对你平日的操心，现在你才意识到。但是这个世界也并非全坏，虽然它充满了凶险，但也充满了机遇。男人们似乎都很有身份，女人们似乎都很漂亮，面对这个世界，你大长了见识。如果说一两周岁时，你是在妈妈的怀中断的奶，那么，此时，你才在世界的"教育中"完成了"青春断奶"。

到大世界转了一圈又回到家中，你会发现你真正长大了，眼界开

阔了，心胸更大了，对他人或事物的理解更接近人情了。只是你的心思多了，肩上的担子开始重了。回想起在外面的见闻，那些磨难，那些沮丧，那些繁琐的事情，以及那些不以你的意志为转移的事物，它们让你明白了世事的繁杂和人生的艰辛。自己独立面对世界，你才有了独立做人的体会。那些“风雨”和“世面”，磨砺了你人生的经验，你生命中最宝贵的独立品性出现了，这也就为你将来创业的成功打下了基础。

知道了大世界的存在，有了大世界的感觉，在大世界中生存，这才是你人生的真正开始。你没有能力时，你只是世界的一个旁观者，你得到的只是冷遇、挫折和被牺牲。当你有了足够的能力后，你将是世界的支配者，世界将献给你鲜花、微笑和更大的自由。这时，对你已不仅仅只是一个看世界的问题，而是如何分享世界的博大、丰富、资源、文明和机会。你现在走出家门，仅仅只是开始，而不是结束。

51 最有意义的学习是发现自己的无知

被后世尊为圣人的孔子曾经说过：“知之为知之，不知为不知，是知也。”古希腊著名哲学家苏格拉底也曾说过：“就我来说，我所知道的一切，就是我什么也不知道。”苏格拉底以最通俗的语言表达了自己想进一步开阔视野的强烈愿望。

如果一个人对自己不明白的问题加以隐瞒，不去向别人请教，在别人面前仍然不懂装懂，那他就是“太无知”、太虚伪了。人不懂并不可怕，可怕的是不懂装懂。在这个世界上没有人一生下来，就上通天文、下知地理、晓古通今，人们都是在不断的学习探索中充实自己的。只有虚心向别人学习，才能不断进步。否则我们若像南郭先生那样“滥竽充数”，那只能是贻笑大方，最终被社会淘汰。其实，对自己不知道的事情，坦率地说不知道，反而更容易赢得别人的尊重。

心理学家邦雅曼·埃维特曾指出，平时动不动就说“我知道”的人，不善于同他人交往，也不受人喜欢，而敢于说“我不知道”的人，则显示的是一种富有想象力和创造性的精神。埃维特还说，如果我们承认对某个问题需要思索或老实地承认自己的无知，那么我们自己的生活方式就会大大的改善。这就是他竭力倡导的态度，人们可以从中受到教益。

凡是聪明的人，都有勇气承认“没有人知道一切事情”的这个事实。他们面对不了解的事情能够坦然地说自己不知道，随后就去寻找他们所欠缺的知识。承认自己不知道无损于他们的自尊，对于他们来说，“不知道”是一种动力，促使他们积极采取行动，进一步了解情况，求得更多的知识。

正因为人的心理通常是隐恶扬善的，所以人们会想尽办法来掩饰自己不知道的事情，宣扬自己所知道的事情。有时候，为了隐藏自己的弱点和无知，人们喜欢摆出一副不懂装懂的姿态，殊不知这样反倒给人一种浅薄的感觉。

一般人都有不想让别人看出自己弱点的心理，因此很难开口说“不知道”。殊不知，有时对自己不知道的事情坦率地说不知道，反而可以增加人们对你的信任和亲近。因为直截了当地说不知道，会给人留下非常诚实的印象，并且敢于当众说不知道，其勇气足以让人佩服。这样，对你所说的其他观点，人们会认为一定是千真万确的，因此对你也就会更加信任。

中华文化博大精深，几乎每个人的知识面都是有限的，学问上的精通是相对的，认知上的缺陷是绝对的。世上没有无所不知、无所不能的“全才”，这是永远的客观事实。倘若自以为是，自认为无所不通，无所不能，那是一种平庸和浅薄。须知，敢于承认有些事情“不知道”，正是求得“知道”的基础；“不知道”的强说“知道”，自作聪明，欺人自欺，最终只会贻笑大方。

有个美术评论家总是大吹大擂，凡事不懂装懂。

有一天，那个评论家受一位知名人士邀请做客。这位名人家里来了许多美术界的权威，他们畅所欲言，谈笑风生。

一会儿，主人拿来一幅画像说：“这是我刚买来的毕加索的画，请诸位评论一下。”

于是，那个不懂装懂的评论家马上站起来说：“色彩华丽，线条鲜明，果然是毕加索的画。你刚拿来的时候，我就看出是毕加索的画了。”

主人听完，再仔细看了一下画说：“真抱歉，刚才我介绍错了，这不是毕加索的画，而是米开朗琪罗的作品。”

“什么？米开朗琪罗的？”

顿时，在座的各位看着那个评论家捧腹大笑。评论家满脸通红，不好意思地低下了头。

求知最忌自欺欺人，不懂装懂。所以孔子曾告诉子由“懂了就是懂了，没有懂就是没有懂，这才是真懂。”

52 警惕自己失去理智的冒险

要赢得辉煌的人生，要成就一番大事业，就必须具备必要的冒险意识，很多成功人士的奋斗之路都证明了这一点。但是，冒险要有冒险的理由和依据，不能用失去理智的赌徒心理面对眼前的风险。

河堤上有一排大树，河边零零星星生长着一些孱弱的芦苇。

大树常常对小芦苇说："我真替你们担心啊，要是刮起了大风，你们恐怕就要被刮跑了！"

小芦苇摇摆着身子说："可是我生来就这样啊！虽然我弱小，但也不至于一无是处吧！"

一天，真的刮起了狂风。大树挺起胸膛拼命抵抗，并鼓励旁边惊恐万分的芦苇说："孩子，你一定要顶住，过去了就好了。"

风过了，堤坝上粗壮的大树被连根拔起，而弱小的芦苇却毫发无损。倒在一边气息奄奄的大树奇怪地问道："为什么我们这么强壮却被风刮断了，而纤细、软弱的你却什么事都没有呢？"

芦苇回答说："面对强劲的大风，我们觉得没有足够的力量抗拒，于是就低下头，躲避风头，这样才免受其害。你们虽然很强大，却自以为有资本，非要和这种风险争个高下，结果自然被狂风刮断了。"

有自知之明的芦苇懂得在大风（风险）面前退让，结果保住了自己的性命，而面对大风（风险）只知道一味抵抗的大树却倒下了。看来，对那些不必要冒的风险最好采取退让的姿态。

做大事难免遇到风险，而且你也必须具备冒险精神，这样才能抓住机遇和财富，因为零风险的事情是不存在的。但是这并不是说遇到风险就要盲目抵抗。有些风险凭你的实力很难扛过去，如果硬撑着，只能给你带来忧虑，让你蒙受经济损失，危及自身的健康、工作和生活。因此，在那些扛不过去的风险面前要懂得退让，不要冒不必要的风险。

生意场上有句话，“高风险必定有高报酬”。很多生意人简单地认为伴随着高风险的肯定是高报酬，这就有点“风雨之后见彩虹”的意味。彩虹肯定会出现在风雨之后，这没有错，但并不是风雨之后就有彩虹，有可能艳阳高照，有可能还是乌云密布。同样，经济市场如风云变幻，高风险之后可能是低风险，可能是低报酬。“高报酬”就像“彩虹”一样，只是商人们的一种期望，是想象或者估计的最高报酬，以为“想得到就能做得到”，那是大错而特错。

当然，如果资本足够雄厚，你可以挑战高风险。但是，如果你把所有的期望都寄托在高风险中的高报酬上，你就无异于把所有的鸡蛋都放在一个篮子里，一旦打碎，你将一无所有。

在商海中长期打拼的人，对风险都有独特的触觉，他们时刻在警觉自己失去理智的冒险。他们虽渴望高利润，却不因此去承担高风险。面对风险，有些时候，他们会做大树与其抗争；但更多时候，他们宁愿做芦苇，能避就避，保存自己才是最重要的。

53

小聪明不是真正的聪明

我们当中总不乏有些人，在做事前总是费尽心思地盘算能不能偷工减料，能不能找到解决问题的小窍门、小技巧，甚至不惜损害他人的利益来达到自己的目的。这些人总以为自己很聪明，可事实证明，越是自作聪明的人，往往“聪明反被聪明误”。

人若有些小聪明是好事，但是我们不应当将所有的希望，将事物的成败都寄予我们的“小聪明”上，更多的时候，我们需要的是脚踏实地地去做，去努力，而不是依靠投机取巧。

世界上最伟大的哲学家之一柏拉图正和他的学生走在马路上。这名学生是柏拉图的得意弟子之一，他很聪明，总是能在很短的时间之内领会老师的意思；他很有潜力，总是能提出一些具有独特视角的问题；他也很有理想，一直希望自己能够成为像老师一样伟大，甚至比老师还要博学的哲学家。所以他常常自视聪慧，不愿意在学识上多下功夫，自认为聪明能敌过他人的努力。

但是柏拉图认为他还需要生活的历练，还需要更加刻苦。柏拉图曾经语重心长地对这名学生说过一句话：“人的生活必须要有伟大理想的指引，但是仅有伟大的理想而不愿意脚踏实地，一步一个脚印地朝着理想奋进，那也就不能称为完美的生活。”

这名学生知道老师是在教导自己要脚踏实地，但他认为自己比别人聪明，总能用一些技巧轻易地解决问题，自己的理想也比别人的更加伟大，所以只要自己想做的，总能轻易地取得成功。

柏拉图也相信这名学生能够做出一番大事业，但是这名学生却只看到大目标而不顾脚下道路的坎坷以及自身的缺点。柏拉图一直想找一个合适的机会让学生自己意识到他的这一缺点。一天，柏拉图看到他们前面不远处有一个很大的土坑，这个土坑周围还有一些杂草。平常人们只要稍加注意就可以绕过这个土坑，但柏拉图知道他的学生在赶路时经常不注意脚下。于是，他指着远处的一个路标对学生说，“那就是我们今天行走的目标，我们两个人今天进行一次行走比赛如何？”学生欣然答应，然后他们就开始出发了。

学生正值青春年少，他步履轻盈，很快就走到了老师的前面，柏拉图则在后面不紧不慢地跟着。柏拉图看到，学生已经离那个土坑近在咫尺了，他提醒学生“注意脚下的路”，而学生却笑嘻嘻地说：“老师，我想您应该提高您的速度了，您难道没看到我比您更接近那个目标了吗？”

他的话音刚落，柏拉图就听到了“啊！”的一声叫喊——学生已经掉进了土坑里，这个土坑虽然没有让人受重伤的危险，但是它却足以使掉下去的人无法独自上来。

学生现在只能在土坑里等着老师过来帮他了，柏拉图走过来了，他并没有急着去拉学生，而是意味深长地说：“你现在还能看到前面的路标吗？根据你的判断，你说现在我们谁能更快地到达目的地呢？”

聪明的学生已经完全领会了老师的意思，他满脸羞愧地说：“我只顾着远处的目标，却没走好脚下的每一步路，看来还是不如老师呀！”

一个人拥有智慧的头脑是值得骄傲的，但是聪明并不代表着一切，聪明是天赋，是先天的优势，而成功却等于1%的天赋加上99%的汗水。倘若你比他人有天赋，那说明你比他人离成功更近，你有更多的资本走上成功的捷径。但并不代表着成功，如果仅仅想要依靠聪明天赋来成就一番事业，而不愿意脚踏实地、勤奋努力地做事，即使有再高的天赋也是无用的，因为成功还必须有付出和努力。

小聪明不是真聪明，也并不代表智慧。一般来说，小聪明的人缺乏理性，往往会抱有较多的侥幸心理。

莎士比亚提醒我们，千万不要自作聪明，变成“一条最容易上钩的游鱼”，“用自己全副的本领”来“证明自己的愚笨”。正如同上面故事中的主人公一样，自视聪明，不遵守应有的规则制度，认为自己的方法比别人便利，节省了更多时间，结果却是小聪明把自己送上了“绝路”。

因为真实的情况是，一个人如果把心思过多地用在小聪明上，他必定没有精力去开发和培植他的大智慧。小聪明和智慧是两个不同的概念，智慧有益无害，小聪明益害参半，把握得不好的小聪明则贻害无穷。

拥有太多小聪明的人，往往都用于追逐眼皮底下的急功近利，看不到长远的根本利益。相反，具有大智慧者很少会在众人面前炫耀自己的聪明才智，他们更不会自作聪明地干一些实际上愚蠢至极的事情。真正的聪明者不需要通过投机取巧来加以表现，自作聪明者常常反被自以为是的小聪明所累。

从前有个小男孩，非常聪明，但在长久的夸奖声中，他渐渐地开始偷懒，想靠投机取巧来获得成功。

这天，小男孩有幸和上帝进行了对话。

小男孩问上帝："一万年对你来说有多长？"

上帝回答说："相当于一分钟。"

小男孩又问上帝："一百万元对你来说有多少？"

上帝回答说："相当于一元。"

小男孩对上帝说："你能给我一元钱吗？"

上帝回答说："当然可以。请你稍候一分钟。"

世界上绝顶聪明的人很少，绝对愚笨的人也不多。但是，为什么一些看起来聪明的人却无法取得成功呢？

一个最重要的原因在于他们习惯于投机取巧，用小聪明来替代所必须要付出的心血，不愿意付出与成功相应的努力。人们都懂得"宝剑锋从磨砺出，梅花香自苦寒来"的道理。可是一旦摊上自己做事，马上就又回到"投机取巧"的"捷径"上来了。

投机取巧会使人堕落，无所事事会令人退化，只有勤奋踏实地工作才是最高尚的，才能给人带来真正的幸福和乐趣。成功者的秘诀就在于他们能够摒弃"投机取巧"的坏习惯，无视那些小聪明，用自己的努力开创属于自己的辉煌。

"机关算尽太聪明，反误了卿卿性命。"聪明是好事，但要用在适当的地方，才能显示出其真正的价值，想投机取巧、不劳而获，聪明只能把你带入失败的深渊。

54 天上掉的馅饼大多是铁饼伪装的

福祸总是拴在一起的，祸中藏着走向福的种子，福中也有祸的萌芽，因此得利不要忘害，对轻易得到的好处要多加提防，很多时候，天上掉馅饼未必就是福气，那有可能是铁饼伪装的，砸到头上就让你承受不了，还有可能危及生命。

庄子先生的书中有这样一个典故：

列子穷困潦倒，脸上出现饥饿的颜色，但决不接受郑国宰相子阳赠送的粮米。

因为，列子记得自己并没有和子阳打过交道，子阳为什么给自己送粮食？还不是听他手下的人说："列子是个贤人，他就在您治理的国家里，他现在连饭都没吃的。这样，您岂不成了不爱贤才的宰相吗？"

子阳是为了自己获得好名声而给列子送吃的东西，并非真正爱惜贤才。

列子谢绝了子阳派来送粮米的人，列子的妻子深深叹息。她埋怨说：

"只听说有道德、有才学的人的老婆子女，都能过上快乐安逸的日子。可你，把我们一家子都养得皮包骨头了。当权的宰相既然已派人来慰问，又送粮米给我们，你为什么偏偏不接受呢？你自己不要紧，为何连家人的性命也不顾？”

列子笑着向妻子解释道：“宰相并不是真正了解我，只不过听别人讲我，他才叫人给我送粮食。现在救济我是如此，如果有一天有人在他面前说我的坏话，他必然依别人的只言片语加罪于我。这怎么能行呢？这就是我不接受粮食的理由。”

原来，子阳为官确实为所欲为，不久老百姓起来反抗，杀死了子阳，并杀死了不少子阳的亲信和爪牙。列子虽然穷困，却平安无碍，道德、学问仍然声名远扬。

由此可见，利益的背后往往隐藏着祸害，得利不要忘害。

世界上没有无缘无故的爱，只有对天上掉下来的好处，客观地保持一份冷静，做好接受的后果分析，才可以在以后的行事中勇往直前、无怨无悔，否则，面对突如其来的失落，将会手足无措、丢失理想、消沉意志，进而付出沉重的代价。《史记·刺客列传》记录了五位刺客亡命行刺的事迹，其中有一段对荆轲的精彩描写：“荆轲既至燕，爱燕之狗屠及善击筑者高渐离。荆轲嗜酒，日与狗屠及高渐离饮于燕市，酒酣以往，高渐离击筑，荆轲和而歌于市中，相乐也，已而相泣，旁若无人者。”这个内心情感世界极为寂寞空旷的荆轲，就是得到从天上掉下来大馅饼的人。他的身份，属于当时的士林阶层，依靠贵族供养，却想有所作为，会经常改换门庭，寻找一展宏图的机遇。燕国太子丹曾在秦国为人质，对秦王嬴政夺去国土和吞并列国的野心恨之入骨，偷偷回国寻找可以行刺秦王的人，从老壮士田光那里认识了荆轲，看出了荆轲深藏着的“士为知己者死”的个性，就为他精心制造了一个个诱人的馅饼。当时的荆轲本是个潦倒之士，一下子得到燕太子丹的竭力善待："于是尊荆轲为上卿，舍上舍。太子日造门下，供太牢具，异物间进，车骑美女恣荆轲所欲，以顺适其意。"如此天降的好事，其目的何在，对于荆轲来说，是一清二楚的。他能安然领受，无非是出于士的职业和个人的慷慨豪气。燕太子丹为达目的，还把"馅饼"制作得更加完美，荆轲拾瓦片投蛤蟆，太子看了，就捧了用金子做的弹丸，供他使用；荆轲说一匹千里马的肝好，就命人把马杀了，取出肝来给他下酒；有美女弹琴，荆轲说那女子的手好，就马上砍下来用玉盘盛了送他。荆轲知道要以命酬谢了，所以在出发时，和着高渐离击筑而歌，唱出了"风萧萧兮易水寒，壮士一去兮不复还"的千古悲歌，然后"就车而去，终已不顾。"荆轲的"难得糊涂"，在于"士为知己者死"的士林风范，追求生命之外的人生价值，虽然为飞来的好处付出了最为昂贵的代价，却还是个明白人。

当今社会生活中，从天上掉"馅饼"的事，更是不胜枚举，让人眼花缭乱。而大多享用"天上掉下馅饼"的人，却没有荆轲做个明白人的福气，是迷迷糊糊上了圈套的。比较常见的有购物陷阱，即在商品上巧妙地设置一种奖项，让你即刻得到一点甜头，还有更加诱人的利益在前边，使你欲罢不能，一直不停地掏腰包，结果是"更加诱人的利益"成为泡影，你也会因此付出惨重代价。

有人送给你白吃的午餐，岂有这等的好事？人们如果能在这样的好事面前，保持头脑的清醒，冷静地做个分析识别，就不会轻易进入别人的圈套。

55 给人留余地也就是给自己留后路

凡事有因必有果，有果必有因。天网疏散是因为上天有好生之德，给人以反省检讨的机会，因此才有那句俗语："穷寇莫追。"生活中，我们每个人也都与社会有千丝万缕的联系，所以凡事都不要做得太绝，给人留余地也就是在给自己留后路。

有这样一则寓言：有一天，狼发现山脚下有个洞，各种动物由此通过。狼非常高兴，它想，守住山洞就可以捕获到各种猎物。于是，它堵上洞的另一端，单等动物们来送死。

第一天，来了一只羊，狼追上前去，羊拼命地逃。突然，羊找到一个可以逃生的小偏洞，从小洞仓皇逃窜。狼气急败坏地堵上这个小洞，心想，再也不会功败垂成了吧。

第二天，来了一只兔子，狼奋力追捕，结果，兔子从洞侧面的更小一点的洞里逃生。于是，狼把类似大小的洞全堵上。狼心想，这下万无一失，别说羊，与兔子大小接近的狐狸、鸡、鸭等小动物也都跑不了。

第三天，来了一只松鼠，狼飞奔过去，追得松鼠上蹿下跳。最终，松鼠从洞顶上的一个小道跑掉。狼非常气愤，于是，它堵塞了山洞里的所有窟窿，把整个山洞堵得水泄不通。狼对自己的措施非常得意。

第四天，来了一只老虎，狼吓坏了，拔腿就跑。老虎穷追不舍。狼在山洞里跑来跑去，由于没有出口，无法逃脱。最终，这只狼被老虎吃掉了。

对这一案例，各界人士说法不一。

哲学家说：绝对化意味着谬误。

宗教家说：堵塞别人生路意味着断自己的退路。

环境学家说：破坏原生态平衡者必自食其果。

经济学家说：预算和计划都要留有余地。

军事家说：除非你是百兽之王，否则，别想占有整个森林。

法学家说：凡规则皆有例外，恶法非法。

政治学家说：绝对的权利导致绝对的腐败，绝对的腐败必然导致彻底的失败。

渔民说：一网打尽，下一网打什么？

农民说：不留种子就是绝种绝收。

总之，人的生存与发展，依赖于千丝万缕的社会关系，所以无论做什么事都不要做得太绝，得为自己留一条后路。

在人与人的交往中，也有一些人为了追求个人利益而对别人不管不顾，甚至是在别人身处逆境时落井下石，这样的做法是极其愚蠢的。因为一个人再成功，也不能保证自己就没有倒霉的时候，把事情做绝了，到时谁又会向你伸出援手呢？

在一个茫茫沙漠的两边，有两个村庄。从一个村庄到另一个村庄，如果绕过沙漠走，至少需要马不停蹄地走上 20 多天；如果横穿沙漠，那么只需要 3 天就能抵达。但横穿沙漠实在太危险了，许多人试图横穿沙漠，结果无一生还。

有一天，一位智者经过这里，让村里人找来了几万株胡杨树苗，每半里一棵，从这个村庄一直栽到了沙漠那端的村庄。智者告诉大家说：“如果这些胡杨有幸成活了，你们可以沿着胡杨树来来往往；如果没有成活，那么每一个走路的人经过时，要将枯树苗拔一拔，插一插，以免被流沙给淹没了。”

果然，这些胡杨苗栽进沙漠后，很快就全部被烈日烤死了，成了路标。沿着“路标”，在这条路上大家平平安安地走了几十年。

有一年夏天，村里来了一个僧人，他坚持要一个人到对面的村庄去化缘。大家告诉他说：“你经过沙漠之路的时候，遇到要倒的路标一定要向下再插深些；遇到要被淹没的路标，一定要将它向上拔一拔。”

僧人点头答应了，然后就带了一皮袋的水和一些干粮上路了。他走啊走啊，走得两腿酸累，浑身乏力，一双草鞋很快就被磨穿了，但眼前依旧是茫茫黄沙。遇到一些就要被尘沙彻底淹没的路标，这个僧人想：“反正我就走这一次，淹没就淹没吧。”他没有伸出手去将这些路标向上拔一拔。遇到一些被风暴卷得摇摇欲倒的路标，这个僧人也没有伸出手去将这些路标向下插一插。

但就在僧人走到沙漠深处时，寂静的沙漠突然飞沙走石，有些路标被淹没在厚厚的流沙里，有些路标被风暴卷走了，没有了影踪。

这个僧人像没头的苍蝇似的东奔西走，却怎么也走不出这个大沙漠。在气息奄奄的那一刻，僧人十分懊悔：如果自己能按照大家吩咐的那样做，那么即便没有了进路，还可以拥有一条平平安安的退路啊！

是的，给别人留路，其实就是给我们自己留路。善待他人，关爱他人，实际上就是善待自己，关爱自己。

56 言诺不与，其怨大于不许

有一句流传了数百年的老话：言诺不与，其怨大于不许。翻译成白话就是，答应别人的事如果没有做到，因此给人带来的怨恨要远远大于你当初拒绝时给他带来的怨恨。这是相当实用的一句话。记住这句话，在现实生活当中，切记量力而行，不要轻易给人许诺。

当同事或亲友托你办某事时，当上司委托你做某事时，请你一定不要不假思索地满口应承。至少也要冷静 1 分钟，在大脑中转一个圈子，考虑这件事自己能不能办得到、办得好。把自己的能力与事情的难易程度以及客观条件是否具备结合起来统筹考虑，然后再作决定。

为同事或亲友办事，是自己应尽的责任，如果不帮他办，可能会感觉情理上不太对劲，有时事情尽管很难办，也不得不勉强答应。作为下级，对于上司委托给自己的事，虽然不乐意，但又不好拒绝。这种搪塞性的应承，可能会对自己产生不利。但是，如果为了一时的情面接受自己根本无法做到或无法做好的事情，一旦失败了，同事、亲友、上司不会想起你当初的热忱，只会以这次失败的结果来评价你。

所以，最好不要轻率地对朋友作出许诺，要三思而后行。尽量不说“这事没问题，包在我身上了”之类的话，给自己留一点余地。顺

口的承诺，只是一条会勒紧自己脖子的绳索。

前几年春节联欢晚会上曾演出过这样一个小品：一个老实巴交的人担心自己的领导和同事会看不起自己，就假装自己手眼通天，别人求他办事，不管有多大困难一概来者不拒。为了帮别人买两张卧铺票，不惜自己通宵排队，结果不但自己吃苦不说，还闹出了一连串的笑话。

有时候，一些关系比较不错的朋友托我们办事时，我们为了保全自己的面子，或为给对方一个台阶，往往对对方提出的一些要求，不加分析地加以接受。但不少事情并不是你想办就能办到的，有时受各种条件、能力的限制，一些事是很可能办不成的。因此，当朋友提出托你办事的要求时，你首先得考虑这事你是否有能力办成，如果办不成，你就得老老实实地说，我不行。随便夸下海口或碍于情面都是于事无补的。

有人来托你办一件事，这人必有计划而来，最低限度，他已准备好怎样说。而你这方面，却一点儿准备都没有，所以，他可是稳占上风的。

他请托的事，可为或不可为，或者是介乎两者之间，你的答复是怎样呢？许多人都会采取拖的手法。“让我想想看，好吗？”这话常常会被运用。

有些时候，许多人会作一种不自觉的承诺，所谓“不自觉的承诺”，就是“自己本来并未答允，但在别人看来，你已有了承诺”。这种现象，是由于每一个人都有怕“难为情”的心理，拒绝属于难为情之类，能够避免就更好。

但要记住，现在大多数人都喜欢“言出必行”的人，却很少有人会用宽宏的态度去谅解你不能履行某一件事的原因。因此，拿破仑说：“我从不轻易承诺，因为承诺会变成不可自拔的错误。”

“你的承诺和欠别人的一样重要。”这是人们的普遍心理。

当对方没有得到你的承诺时，他不会心存希望，更不会毫无价值地焦急等待，自然也不会有被拒绝的惨痛。相反，你若承诺，无疑在他心里播种下希望，此时，他可能拒绝外界的其他帮助，一心指望你的承诺能得以兑现，结果你很可能毁灭他已经制订的美好计划，或者使他延误寻求其他外援的机会。一旦你给他的希望落空，那将是扼杀了他的希望。并且如此一来，你的形象就会大跌，别人因你不能信守承诺而不相信你了，别人也不再愿与你共事，不愿再与你打交道，那么，你只能去孤军奋战。有些人在生活或工作上经常不负责，许下各种承诺，而不能兑现承诺。结果给别人留下恶劣印象。如果承诺某种事，就必须办到；如果你办不到，或不愿去办，就不要答应别人。

事物总是发展变化的，你原来可以轻松做到的事可能会因为时间的推移、环境的变化而有了一定的难度。如果你轻易承诺下来，会给自己以后的行动增加困难，对方因为你现在的承诺而导致将来的失望。所以，即使是自己能办的事，也不要轻易承诺，不然一旦遇上某种变故，让本来能办成的事没能办成，这样一来，你在别人眼里就成了一个言而无信之人。对时间跨度较大的事情，可以采取延缓性承诺。

比如：有人要求老板给自己加薪，老板可以这么说："要是年终结算，公司经济效益好，公司可以给你晋升一级工资。"用"年终结算"一语表示实现承诺时间的延缓，显得既留有余地，又入情入理。

对不是自己所能独立解决的问题，应采取隐含前提条件的承诺。

如果你所作的承诺，不能自己单独完成，还要求别人帮忙，那么你在承诺中可带一定的限制。

比如：你承诺帮朋友办理家属落户的问题，这涉及公安部门和国家有关政策。你不妨这样说更恰当一点："如果以后公安部门办理农转非户口，而且你的条件又符合有关政策，我一定帮忙。"这里就用

“公安部门办理”、“符合有关政策”等对承诺的内容作了必要的限制，既见自己的诚意，又话语灵活，具有分寸，还向对方暗示了自己的难处（也要求别人），真是一石三鸟。

为人处世，应当讲究言而有信，行而有果。因此，承诺不可随意为之，信口开河。明智者事先会充分地估计客观条件，尽可能不做那些没有把握的承诺。

因为“言诺不与，其怨大于不许”，所以有了承诺，就应该努力做到，千万不要乱开“空头支票”，不然不仅伤害了对方，还会毁坏自己的声誉。

57 只有孝心是不够的

有一首名为《甜蜜负担》的诗写道：

“世界上有一种人／和你在一起的时候／总是千万次嘱咐你要多穿件衣服，要注意自己的安全／你觉得很烦／却也觉得很温暖／缺钱的时候／他总会说些赚钱不易之类的话来训你／边训你／边塞钱给你／这种人／叫做父母。”

人世间的母爱故事不可胜数，即使是动物的母爱，也会让一切豪言壮语失去重量，给我们树起一座灵魂深处最高的丰碑。

故事发生在西部的青海省，一个极度缺水的沙漠地区，这里，每人每天的用水量严格地限定为3斤，这还得靠驻军从很远的地方运来，日常的饮用、洗漱、洗菜、洗衣，包括喂牲口，全都依赖这3斤珍贵的水。人缺水不行，牲畜也一样，渴啊！终于有一天，一头一直被人们认为憨厚、忠实的老牛渴极了，挣脱了缰绳，强行闯入沙漠里唯一的也是运水车必经的公路。终于，运水的军车来了，老牛以不可思议的识别力，迅速地冲上公路，军车一个紧急刹车戛然而止。老牛沉默地立在车前，任凭驾驶员呵斥驱赶，不肯挪动半步。5分钟过去了，双方依然僵持着。运水的战士以前也碰到过牲口拦路索水的情形，但它们都不像这头牛这般倔强。人和牛就这样耗着，最后造成了堵车，后面的司机骂骂咧咧，性急的甚至试图点火驱赶，可老牛不为所动。

后来，牛的主人寻来了，恼羞成怒的主人扬起长鞭狠狠地抽打在瘦骨嶙峋的牛背上，牛被打得皮开肉绽，哀哀叫唤，但还是不肯让开。鲜血沁了出来，染红了鞭子，老牛的凄厉哞叫，和着沙漠中阴冷的酷风，显得分外的悲壮。一旁的运水战士哭了，骂骂咧咧的司机也哭了，最后，运水的战士说："就让我违反一次规定吧，我愿意接受一次处分。"他从水车上取了半盆水——正好3斤左右，放在牛前面。出人意料的是，老牛没有喝以死抗争得来的水，而是对着夕阳，仰天长哞，似乎在呼唤什么，不远的沙堆背后跑来一头小牛，受伤的老牛慈爱地看着小牛贪婪地喝完水，伸出舌头舔舔小牛的眼睛，小牛也舔舔老牛的眼睛，静默中，人们看到了母子眼中的泪水。没等主人吆喝，在一片寂静无语中，它们掉转头，慢慢往回走。

那个晚上，当从电视上看到这让人揪心的一幕时，很多人想起了幼时家里的贫穷困窘，想起了那至今在乡下劳作的苦难的母亲。电视机前的许多观众，流下了滚滚热泪。

父亲和母亲用一生的辛劳换作爱的光辉洒向我们，照亮了我们的生活。我们拿什么奉献给我们的爹娘？仅仅有孝心是远远不够的，能让父母感到欣慰的，是深深的理解和体贴入微的关怀。

日本一名牌大学毕业生应聘于一家公司。总经理审视着他的脸，出乎意料地问："你替父母洗过澡擦过身吗？""从来没有过。"青年很老实地回答。"那么，你替父母捶过背吗？"青年想了想："有过，那是我在读小学的时候，那次母亲还给了我10元钱。"

在诸如此类的交谈中，总经理只是安慰他别灰心，会有希望的。青年临走时，总经理突然对他说："明天这个时候，请你再来一次。不过有一个条件，刚才你说从来没有替父母擦过身，明天来这里之前，希望你一定要为父母擦一次。能做到吗？"这是总经理的吩咐，因此青年一口答应。

青年虽大学毕业，但家境贫寒。他刚出生不久父亲便去世，从此，母亲为人做佣拼命挣钱。孩子渐渐长大，读书成绩优异，考进东京名牌大学。学费虽令人生畏，但母亲毫无怨言，继续做佣供他上学。直至今天，母亲还去做佣，青年到家时母亲还没有回来。母亲出门在外，脚一定很脏，他决定替母亲洗脚。

母亲回来后，见儿子要替她洗脚，感到很奇怪："脚，我还洗得动，我自己来洗吧。"于是青年将自己必须替母亲洗脚的原委一说，母亲很理解，便按儿子的要求坐下，等儿子端来水盆，把脚伸进水盆里。青年右手拿着毛巾，左手去握母亲的脚，他这才发现母亲的那双脚已经像木棒一样僵硬，他不由得搂着母亲的脚潸然泪下。在读书时，他心安理得地花着母亲如期送来的学费和零花钱，现在他才知道，那些钱是母亲的血汗钱。

第二天，青年如约去了那家公司，对总经理说："现在我才知道母亲为了我受了很大的苦，你使我明白了在学校里没有学过的道理，谢谢总经理。如果不是你，我还从来没有握过母亲的脚，我只有母亲一个亲人，我要照顾好母亲，再不能让她受苦了。”

总经理点了点头，说：“你明天到公司上班吧。”

越是我们亲近的人，越容易疏忽他们的感受，也最容易在不自觉中伤害他们，带给他们痛苦。特别是自己的父母，有些人觉得他们啰嗦，不爱和父母多聊几句，多听听他们的感受；有些人甚至只顾自己的生活，完全疏忽父母需要奉养、需要关爱的现实。

我们这个时代的人，很强调对子女的照顾和关爱，也都知道孩子缺乏爱，会产生偏差行为；但却普遍疏忽年迈父母的需求，未能给予他们适当的关爱、奉养和抚慰。

为人子女者都有孝心，不过，徒有孝心是不够的，必须有孝行才行。必须充分了解父母，知道他们的心理需要，做出适当的回应，才能孕育彼此间的亲情，感受亲情挚爱的喜悦。

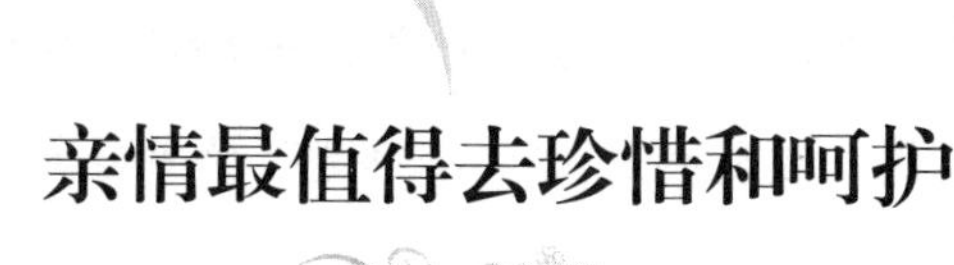

58 亲情最值得去珍惜和呵护

成熟的人，除了在生意场上运筹帷幄之外，更重要的是懂得享受亲情之乐，他们明白，在这滚滚红尘、纸醉金迷的繁华中，所有用物质堆积起来的表象都是虚幻，只有亲情最值得去珍惜和呵护。他们喜爱自己的孩子，珍爱自己的妻子，孝敬自己的父母。

对孩子之爱，更多是一种责任，犹如初泡上青绿的毛茸茸的茶叶，酽酽的不可复制，最是辛辣酣苦，却最具有挑战；对妻子之爱，犹如清水中渐渐透出的些微绿意，慢慢的洇绿了整杯的水，而那片片茶叶在浸泡后都静静地竖立在杯底，无声无息，却最是纯绵可口。对父母之爱，青涩中有着淡淡的香味，不像茉莉花茶那般芳香四溢，却也回味无穷。应该知道，这就是真正的生活啊，如那朴素的亲情，绵长、持久，让人久久的回味。

生活中有许多不尽如人意之事，但是我们应该懂得，无论我们遇到什么困难，我们的亲人就站在我们身后，给我们以最有力的支持。青少年气盛，又不懂亲情关照，遇到困难不知如何是好，不知如何跟父母沟通。结婚了，却不珍爱自己的结发妻子，用事业或者别的女人，将自己曾经对天地发誓的，要好好照顾她一生的女人，拒之门外；有了孩子，却不知道如何关心，只知道给他足够的零花钱……

罗宾以自己的亲身经历讲了一个信封的故事。

13 岁那年，跟着家里人刚从佛罗里达州搬到南加州居住。正处于青春叛逆期的罗宾，对父母的教诲常当耳边风。反抗，易怒，对于一切都不在乎。就像许多时下的青少年一样，一切看不顺眼的事物，都极力反抗、逃避。正是一般所谓的“自以为是”的年轻人，对于所谓的亲情更是不屑一提。事实上，每当有人提到亲情时，罗宾都会生气地反驳他。

有一天晚上，罗宾从外头回家，直接冲进房间，用力关上房门，躺在床上望着天花板，回想着这事事不顺心、样样不如意的一天。伸进枕头底下的手，意外地发现一个信封。拿出信封，上面写着：“当你独处时，打开它。”罗宾心想四下无人，没人会知道我是不是读了它，于是就拆开了信封。内容写着：“麦克，我了解你对目前的生活感到不顺、挫折。我也知道，作父母亲的我们，不是什么事都对的。我更清楚，我对你的爱是全心全意的，你所说所做的任何事都不会改变这点。任何时候想找我谈谈，我永远都欢迎你。如果不想，也没关系。只要记得，不论你身在哪里、做什么事，我都永远爱你，更会以拥有你这个儿子而感到骄傲。我的心永远跟着你，永远地爱着你。爱你的妈妈。”

从此以后，这种“当你独处时，打开它”的信，经常在罗宾的生活中出现。直到他长大成人后，才向别人提到这件事。

后来，罗宾在世界各地演讲，帮助世人提高自己，经常提及这封信。一次在佛罗里达沙拉苏他市的演讲结束后，有一位妇人来找罗宾，提到她与儿子间沟通上所遇到的困难。在一起走向海滩的路上，罗宾跟她谈到他的妈妈永恒不变的爱及那些“当你独处时，打开它”的信封。几周后，他收到她的明信片，提到她刚在儿子枕头下留了一封信。当晚上床时，罗宾将手伸到枕头下。回想起每次在枕头下发现信封时，那种舒畅的感觉。在罗宾那段情绪纷扰的岁月里，这些信总能安抚他的心情，让他确信，不论他做了什么事，母亲的关爱是永远不变的。临睡前，他感谢上帝，让他的母亲了解到，正处于青少年叛逆期的他，最需要的是什么。

人有了亲情之爱，孕育的信任才能是灵魂深处的默契。有信任，才会与亲人相濡以沫，一起走过生活的风风雨雨。

阿伟如今已是一位成功的外科医生，和现在的太太结婚二十年，儿子已入大学。在一次大学的聚会，重遇初恋情人 Alice。

Alice，当年是众男生的梦中情人，公认的美人儿。就是现在，仍比实际年龄漂亮年轻。当初，因为一个误会，再加两人的自尊心特强，就这样分开了。后来，Alice 去了外国，阿伟留在香港。

初恋的夭折，一度令阿伟痛苦不已，几乎垮了，幸亏得一位护士同事的关心和鼓励，令他走出感情低谷，重拾心情，这位女同事就成了他的太太。

不料二十年后重逢Alice。

那晚，他们谈了很多，解除了误会，只是，大家都已人到中年！

次日，Alice打电话邀阿伟去浅水湾酒店烛光晚餐，阿伟问："是不是请我太太一起去？"

Alice回答："我只想请你一个人，我们已失却太多时光，现在是弥补的时候。"

"对不起，除了因公事，晚上我一般不单独外出吃晚饭。"

"你不是怕老婆吧？"Alice讥讽他。

"我怕老婆！"

他直言不讳。"我好怕不自觉地令她不开心。"

几日后，Alice又特地让速递公司送来一封信，信封上写明要他亲启，并且注明：onlyforyou！

阿伟将信原封退回。

"本来，我会让太太也看这封信的，既然你不希望她看，我也不看了。我已习惯与她分享生活中的一切喜怒哀乐。"

Alice很不服气。她见过阿伟的太太，已中年发福，且不擅修饰，像个黄脸婆，相反，自己比实际年龄要年轻得多，风韵犹存。

当年阿伟追她追得非常热烈，他不可能对她失去feeling（感觉）的，一定是阿伟的太太凶神恶煞。

她一不做二不休，当下亲身到他诊所去。

"阿伟，你只需讲yes or no。你仍对我有feeling吗？你还爱我吗？你以前是十分爱我的。"

阿伟只笑笑。“爱一个人与恨一个人同样需要精力和能力。感情过去了，应该无爱无恨，古人说，一笑泯恩仇。让已过去的、无法改变的事实影响目前，根本毫无益处。我已将我的全部爱分给我的家人，而且，我已过了这种玩浪漫感情的年纪了。”

Alice仍不死心。“你真的爱你老婆？还是仅出于一种义务和责任？胜过当年对我那份初恋之情？”

“我是医生。我相信一种科学说法，真正的爱只能维持十个月，正好是由胚胎到婴儿哇哇出世所需的时日。”

这或许要从生物进化的角度来解释，但爱不同于爱情。爱，或许只是一种由荷尔蒙分泌而激发出的感情反应，一如我们悲伤会流泪，开心会微笑，是一种很生物式的感情反应。用一个不合适的比喻：雄性动物在追求异性时，毛会特别亮丽，叫声也会特别悦耳。爱，只是一种行为，动物也懂得用舔触等动作表示“爱”，然而，唯有爱情，才是人类独有的能力。一个情字，令人类爱的行为，变得成熟、深沉，由一种单一的行为上升为一种情怀。“我很怀念我们的初恋，但我更珍惜我和太太的婚姻，珍惜我们一起走过的这段路。”

阿伟的思路非常清晰，不愧为一位名医生。他十分明白，当初，在他感情最低谷、最消沉时，是现在的太太给他温暖，唤起他的信心。后来，太太省吃俭用，自己带着儿子独守空巢，支持阿伟外出留学深造。这二十来年，是太太伴他走过来的。

太太全心于这个家上，无心顾及自己的仪容、衣着，她将每一分一秒，都付出在家人身上。而且，太太属于那种生活低调，安于做男人背后的女人那种类型。阿伟不想太太为了他而刻意改变自己，做她不喜欢做的事。因为爱她，他也尊重她，由她选择她自己喜欢的生活方式。

“我们互相看着白发开始萌生，皱纹出现，因为这后面包含着许多只有我们两人知道的故事，孩子的出世，我们第一间屋的乔迁，双方父母病故的哀痛，我们升职，她的一次有惊无险的大手术……点点滴滴都写在她和我的皱纹上，也只有她和我才懂得。

至于你，Alice，我很怀念那段我们花样的年华，但我不会用现在幸福充实的家庭生活去交换那段时日的延续，这只有百害而无一利。如果我们都珍惜我们的初恋，珍惜这次难得的二十年后的重逢，我们就这样互相握手、互道珍重吧！”

Alice 听了这番话，默默拥抱了阿伟，转头就走了。

家庭衍生出社会，社会更需要信任。社会与爱本来就若即若离。这爱，需要风雨同舟，坦诚相待；这爱，需要共同努力，无私奉献。

亲情对于人而言，是一个很温暖的概念，亲情一直在你的身边，伴随着你成长和成熟。

每当生活中遇到困难时，人们都应该知道，其实，自己的枕头下也有一份宁静的信念。这种持久不变、无条件的关爱，会改变生活上的任何困境。

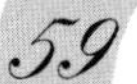

初恋是爱的练习册，未必有好成绩，但必须认真做

每个人都有难忘的初恋。初恋心虽然热情似火，但未必都有圆满的结果。当曾经的美丽只是作为一种记忆而存在，那段纯真绝非“痛苦”两字所能简化得了。然而，沧海巫山之外还有生活，无论如何，日子还是要一天一天地过下去。于是，毕业，工作，成为一个成功的人。好像人人都要沿着一条为自己设定好的轨道一路走了过去，平静而安然。只在内心最深处的某个角落，尘封起一段关于永不褪色的初恋的记忆。

张艾嘉在《爱的代价》中唱到：

还记得年少时的梦吗／像朵永不凋零的花／
陪我经过那风吹雨打／看世事无常／看沧桑变化／
那些为爱所付出的代价／是永远都难忘的啊／
所有真心的痴心的话／永在我心中虽然已没有他／
走吧走吧／人总要学着自己长大／
走吧走吧／人生难免经历苦痛挣扎／
走吧走吧／为自己的心找一个家／
也曾伤心流泪／也曾黯然心碎／这是爱的代价／

也许我偶尔还是会想他 / 偶尔难免会惦记着他 /

就当他是个老朋友啊 / 也让我心痛 /

也让我牵挂 / 只是我心中不再有火花 /

让往事都随风去吧 / 所有真心的痴心的话 /

永在我心中虽然已没有他

人生很短，时光又走得很快。太关注结果就会忽视那美丽辉煌的瞬间，愿望也就成了沉重的负担。只要在爱着的时刻里彼此丰富了经历，充实了生命和升华了心灵，只要都是真心诚意，瞬间的拥有，也会天长地久。初恋的帆，无论带给了你怎样的伤痛，但当你回忆起来的时候，心中唯有甜蜜。这帆将伴你一生，幸福一世。

过去的会永远过去，但有些东西会在生命里定格，那年冬天的那场雪，以及在雪中缠绵清纯的故事。若认为此种美丽在实际生活中也是日日月月一成不变，那必定是理想化了。更多的时候，会因忙碌而疏于打理，因琐事而心烦意乱，因熟悉而显露本性，亦会随年龄阅历等诸多变化而改变初衷，而且还有许多身不由己的外界因素，所以绝大部分的时间他人包括自己并不那么完美，存有无可避免的不足。

剖析瞬间触发的激情，倘若把激情演绎成爱情，并不是件轻而易举的事情。爱情不仅需要感觉，还得有缘分才行。一旦爱情筑就在激情的沙滩上，一个尘世的浪花，就能使其化为乌有，连踪迹都无处可寻。

就让瞬间的情愫定格吧，让她封存在记忆里，带给我们的是心灵深处绵绵长长的温馨。

生活往往会使人们沉没于黑暗，天天来往于单位与家之间，平淡甚或黯淡。唯有残留在记忆中的初恋是那么美好，就像是黑暗中擦亮的一根火柴，瞬息即灭，只照出前后都是一片茫茫的黑暗。

花季雨季，情感的萌芽时期。我们单纯的爱着一个人，或许根本不了解什么是爱，却还是盲目地爱着。简单的信仰，纯纯的感情，值得珍藏和回忆。匆匆开始，还来不及品味，却已结束……

其实，所有的故事都来源于真实的生活，可究竟哪些是真实发生过的，哪些是在层层的追忆中被改写，被虚拟过的，也许就像一句诗一样，“此情可待成追忆”，当微风轻拂尘封的往事，这关于纯真年代的一点点纯真的事，又何必在乎真假呢？只要曾经拥有过，那也便是一种幸福。就当是一次爱的练习吧，有没有好成绩不重要，只要认真去做，就对得起那段如花的岁月。

60 失恋是美丽的，痛苦是心灵的升华

失恋不是故事的完美结局，但也并不全是坏事。经历过失恋，人在美丽痛苦中成长，心灵也得到了升华。可能有人不以为然，但至少石头是这样的。

如果说石头现在离粗鲁鄙俗稍远了一点，那首先应归功于他的那次初恋，也可以叫做暗恋，更可以称之为失恋。

那个女孩长相一般，但一双眼睛特别动人。第一次在人群中看到她，她的惊鸿一瞥使石头那天晚上彻夜难眠，有一首歌叫《千年等一回》，仿佛唱的就是石头现在的感受。石头感到自己始终走不出她的

视野，无论自己在哪里，在干什么，都觉得那双独一无二的眼睛在脉脉无语地凝望着他。

不久，一个霹雳击中了石头。她是他们公司老板的未来的儿媳，但是石头并没有灰心，他看过太多的爱情故事，好多的故事都是这样的：一个热情善良的男孩爱上了一个美貌脱俗的女孩，但是一个有钱的公子哥也对她死缠滥打。女孩迫于压力，痛苦地挣扎着。石头觉得自己就是那个热情善良的男孩。他把那位公子想象成面目可憎不学无术的纨绔子弟，他甚至像古代故事里的“衙内”那样使一个弱女子无处可逃。石头恍然大悟：为什么她近来总是愁眉不展心事重重？为什么她总爱一个人坐在阳台上看夕阳西下？……那是因为她想与生活抗争，想从世俗的烂泥中挣出，却又找不到突破口。

她身上涂满了凄怨的色彩。他想：在道义和感情的双重责任下不能袖手旁观。他一定要把她拯救出来，要让她过崭新生活。哪怕自己在这场与“恶势”的角逐中头破血流也在所不惜。那一刻，他心中充满了古典式的英雄救美人的豪情，体会到了自己人格的伟大甚至自己都被自己感动了。

就这样，一封绞尽脑汁的堪称“经典”的情书辗转到了她的手中。

回复出人意料地迅速，石头的激情和憧憬被客气婉转的辞令软绵绵地弹了回来。但还有一个信念在顽固地支撑着他：女孩总是要有一点矜持的吧！石头又热情洋溢地写了第二封情书。传信的朋友对他讲了这样一个细节，由于石头的钢笔字写得稍放纵，以致她把“名”认错了。

石头被彻底击倒了。看来她压根儿都不知道庞大的公司里还有他这号人物，看来自己注满感情和心机的情书，她不过草草瞄了一眼。

后来石头又看到了她，挽着她手的是老板的公子。他俩走在一起让许多人欣羡不已，他不得不承认他俩是最幸福般配的一对。

就是这件事让石头成熟了许多，当他从痛苦中解脱出来后，这件事里的每一个细节仍历历在目，它们已成为他美好记忆的一部分，使他感到平淡的生活里其实并不缺乏可供回味的东西，而正是这些东西使人离庸俗远了一点。即使它也曾带给人痛苦，也是一种美丽的痛苦。

分手了，也许是由于你某个方面做得不好，或你所给予的不是他所需要的。许多失恋的人回首想想，都有一种感觉：其实我不懂爱情，不懂得如何去爱我爱的那个对方；现在，我知道了，如果再给我一次机会，我会……

失恋，从某种程度上来说，是在拯救你自己。你是否曾有过这样的想法：拥有了他，拥有了这份爱情，好似拥有了整个世界，我宁愿放弃一切……可是，爱情能当饭吃吗？被爱情冲昏了头，不亚于沉湎于网络，需知道：成功的定义不在于爱情，而在于你是否有支撑爱情的坚实基础。许多人在人生的巅峰急流勇退，何况你是在虚拟的巅峰。要学会对自己说："哦，那不是最重要的！"只有懂得放弃的人才会获得成功。

其实，伊人虽去，你仍会为自己的长大而"不虚此行"。吴淡如曾说过：成长是人生唯一的希望。这个"唯一"已经有了，你又何必绝望地去看待一切呢？继续重温过去已没有太大意义。况且，"失败是成功之母"，你可以从失恋中学到许多，你不就拥有了更多的爱情砝码吗？

61 失败的爱情就像拉皮筋，伤得最深的总是最不愿放手的那一个

在你刚刚收获爱情的时候，就有无数人未雨绸缪地提醒你：感情的事切不可勉强，你跟小鸡啄米似的点头说：这个我懂！可有一天曾经相爱的那个人离你而去的时候，你为什么还要伤心欲绝地问：这是为什么？这是为什么？

其实在感情的世界里，没有太多的为什么！爱了就是爱了，不爱了就是不爱了。爱本身没有什么道理，也并不需要什么理由。并不是所有的爱都会寿终正寝的，失败的爱情就像拉皮筋，伤得最深的总是最不愿放手的那一个。如果他决心要走，就让他走吧，你要做的就是放下这段情，送走那些美丽的过往。

刘云是个读大三的女孩。在大二快结束的时候，她最爱的男友通过QQ告诉她，他已经喜欢上别人。刘云无法形容当时的感觉，只记得自己双手停滞在键盘上，脑中一片空白，没有记忆没有表情，傻傻地盯着电脑屏幕足足5分钟。然后迷迷糊糊地结账下机，像疯了一样向宿舍冲去。

没过多久，刘云再次跑去上网。她偷偷地打开QQ，每看一眼好友栏上他那个憨憨的企鹅头像，心便不可抑制地疼痛。是因为用情太深？还是繁华落尽的惘然？刘云知道她需要用一段长长的时间来埋藏这一段记忆，谁叫她不是一个很放得开的人呢？因此她必须销毁一切和他有关的记忆。刘云删掉他的QQ号码，删掉了他的手机号码，更换了自己的手机号码。刘云还扔掉了他送给自己的一切礼物，企图销毁一切与他有关的东西。虽然刘云的心里有很多不舍，但她仍强迫自己那么做。

做完所有的一切，刘云告诉自己现在他已经被彻底清除，是一个与自己无关的人，不论他是幸福还是悲伤都与她无关。然而刘云却发现，她根本做不到。他的手机号码、QQ号码都已经印刻在她的心里，强迫自己忘记，反而让她更痛苦。失恋的事实已无法改变，该发生的还是会发生，生活不是由记忆决定的。

从那以后，刘云尽量让自己平静地去生活，爱惜自己，不做任何伤害自己的事情。终于，那印刻在刘云心里的QQ号码也淡淡散去，其实它早就失去了存在的意义，只剩下一点仍留有余味的东西。

正如一首歌中唱道："别管以后将如何结束，至少我们曾经相聚过。不必费心地彼此约束，更不需要言语的承诺。"做到这么潇洒固然不易，却也实在不必悲悲戚戚或者咬牙切齿。

一位女性朋友，她被卷入了一场不伦之恋，迟迟不能走出这个其实对她来说已经是苦远多于甜的沼泽。她说："我忘不了他曾经给过我的那些浪漫、深刻的爱。"

另一个男朋友感情出轨多次、尽管痛苦却始终不愿分手的女性则说："和他在一起这么多年了，要分手，我不甘心！"

当爱远走，无论它是发生在自己或者对方身上，放弃和放手都是唯一出路。因为无法放弃曾经有过的美好感觉，无法放下曾经拥有的执著，就会让更多这些感觉压在自己的肩上、心上；让自己和对方一

起在痛苦中煎熬，何况能否惩罚对方还是一个未知数，但是自己绝对是被惩罚最深的一个，因为你剥夺了自己重新开始享受快乐和幸福的可能。

舍得放手让爱远走，很多时候并不是一件很难的事，只不过是周围的舆论环境、财产的划分等可能拴住了你。但是，这却是唯一方法。否则，我们就会处在无解的痛苦、气愤和沮丧之中。

所谓舍得放手的艺术，并不单只在爱情消逝的时候存在。事实上，当爱情还在的时候，就懂得放手的智慧，往往是更积极的治本的方法。

如果仍然惦记着“为什么”，这里倒是可以给出10个理由，让你细细品味：

（1）得不到也是“福”。

心理学中有一种升值规律，即越是得不到的东西，越是朝思暮想。这或许就是许多人不能放手的原因吧。但你可以回头想想：当拥有他时，你是否曾感到自我空间被严重束缚，压得喘不过气来，不能做自己想做的和应该做的事情？是不是也曾感到很累，觉得被爱改变得太多，甚至丧失了原先的自我呢？终于，有一个机会让你回到单身，那就好好休息一下吧，重新体验一下单身的自由生活——因为，以后的婚姻将是一辈子永不休止的牵挂。

（2）“珍藏版”最可贵。

失恋了，你总在怀念和他（她）在一起的快乐时光，就连吵架也成为一道风景。没有痛，哪会知道快乐的滋味呢？从此以后，他（她）的画面在你的脑海中定格，始终是那么完美，没有缺点——放手吧，留一个对他的美好的记忆。

（3）“吃一堑，长一智”。

分手了，也许是由于你某个方面做得不好，或你所给予的不是他所需要的。许多失恋的人回首想想，都有一种感觉：其实我不懂爱情，不懂得如何去爱我爱的那个对方；现在，我知道了，如果再给我一次机会，我会……

其实，伊人虽去，你仍会为自己的长大而“不虚此行”。吴淡如曾说过：成长是人生唯一希望。这个“唯一”已经有了，你又何必绝望地去看待一切呢？继续重温过去已没有太大意义。况且，“失败是成功之母”，你可以从失恋中学到许多，你不就拥有了更多的爱情砝码吗？

（4）这不是最重要的！

失恋，从某种程度上来说，是在拯救你自己。你是否曾有过这样的想法：拥有了他（她），拥有了这份爱情，好似拥有了整个世界，我宁愿放弃一切……可是，爱情能当饭吃吗？被爱情冲昏了头，不亚于沉湎于网络。你需知道：成功的定义不在于爱情，而在于你是否有支撑爱情的坚实基础。许多人在人生的巅峰急流勇退，何况你是在虚拟的巅峰。要学会对自己说：“哦，那不是最重要的！”只有懂得放弃的人才会获得成功。

（5）做一回高尚的人。

有一首歌词唱道：“请你一定要比我幸福，才不枉费我狼狈退出……至少我能成全你的追逐……”要知道，爱的最高境界就是希望对方幸福。试想，跟你在一起，他（她）已经不再快乐，那么给他（她）自由吧，强扭不甜的瓜又有什么滋味呢？！

（6）毕竟曾经拥有过。

“人心不足蛇吞象”，人总是对自己拥有的东西不满足：爱得轰轰

烈烈的人，感到累了，总想知道平淡婉约的爱情是什么样子；爱得太平直的人，觉得太闷，总想去体验一下恋人间激情似火的感觉……

终于，你从其中的一种状态中退了出来，下回可以去尝试另一种了，有什么不好呢？比起那些郁闷地吼着《单身情歌》《蒙娜丽莎的眼泪》而暗恋别人的感觉好吧？毕竟你曾经拥有过！

（7）“只选好的，不选贵的”。

也许你经常会回忆你的原先的那一半多么帅，多么靓，多么优秀，多么好，并不断地把他与新的恋人进行比较。可是，请好好想想：原先的真的适合你吗？他的优秀是不是曾压得你喘不过气来？他的离开只能说明你们没有缘分，铆不对扣。贵的鞋穿在脚上不一定就舒服，人也一样，优秀的不一定适合你。与你走入婚姻殿堂的应该是能够陪伴你一辈子、与你和谐相处的那一个。只有跟他在一起，你们才会相伴到老，一起去回忆那“浪漫的过去”。

（8）换位思考。

沐浴在爱河中的两个人，一个人不停付出的同时，却是另一个人在背后默默接受的过程。你也许曾把心都掏出来，给他（她）安排一切。有没有想过：他（她）需要这样的生活吗？如果答案是否定的，那样的结果便是：不仅对方有压力，你自己也会觉得委屈：怎么全是为他（她）好，到头来，他（她）却以“你对我太好，我受不了”而分手？！

换个位置，替对方想想：每个人对爱情的追求和理解都不同，你给的一切并不一定是他（她）想要的，你给错了，就是“徒劳”，最多只会让对方感激，而不是爱。也许你会想，如果重新来过，我会做得更好，想他（她）所想，思他（她）所思，可是，这样的你还是你吗？放手吧，给对方一条生路，让他（她）去追逐想要的爱情。

（9）相信缘分。

佛家云：一面之缘是500年修来的缘分。想想看，你们在一起已经半年、一年、两年……那是多少年修来的福分？可是这样都不可以在一起，说明你们缘分已尽。做了那么多，都无法成全你们，再挣扎又有什么用呢？相信缘分吧。

（10）打开另一扇门。

在上帝面前也许你无能为力，可是在那些默默喜欢你、痴痴等待你的人面前，你就是上帝，也给他们开扇门吧。当令你伤心的人成为“最熟悉的陌生人”时，你会遇到另一个“陌生而熟悉的人”，他才是你真正要找的，是你拿着爱的号码牌等待的那个适合你的人。

时间是最好的伤口愈合剂，眼泪是最好的清洗剂。不要沉浸在时间的黑洞里，不要溺死于眼泪的汪洋中，逐渐成熟的你对爱情应该更有信心，经历了失恋，你会更加懂得“爱”，知道如何去寻找真正属于你的另一半。

怎么样？理由够充分了吧？如果你找到了些许平衡，接下来就不要再对往事苦苦纠缠了，爱了就爱了，把那些曾经美丽的过往放在风中，打理一下心绪，继续前行吧！看见了吗？有一个人已经在不远处等你了。

62 千万不要错过深爱你的人

那个生命中深爱你的人和深夜的末班车一样，一旦错过了，就是深深地难以弥补的遗憾。

《向左走，向右走》演绎一个关于错过的故事。在灯红酒绿的繁华都市里，他向左，她向右，隔着的仅仅是一条车流不息的马路，而他们都没有看到对方，他们错过；他们因为电话号码的遗失而失去了多年以来唯一一次的相遇与联系，却不知彼此就住在对方的隔壁；他们好像总是离得很远，总是不能相遇，其实他们离得很近，近得只有一堵墙的距离……他们曾在相同的时间在相同的地点，走着自己选定的方向：一个向左，一个向右。于是，他们总在时光的流逝中错过、错过，一次又一次的错过着。在一次次的失落之后，两个人最终的相遇不恰巧说明：曾经有过的无数次的错过，正是为了这最后一次的不再错过啊！

记得席慕容有一首诗，诗的名字叫《一个画荷的下午》，里面有一段读起来很让人感动：

在那个七月的午后，在新雨的荷前。

如果，如果你没有回头，

我本来可以取任何一种题材，

本来可以画成一张完全不同的素描或是水彩。

我的一生本来可以有不同的遭逢；

如果，在新雨的荷前，你只是静静地走过。

于是，美丽的相遇才在生命的轨迹中，

在时光的交错中，显现它的珍贵和重要。

错过，也许更多是发生在不知不觉中，发生在时光的悄然流逝中，不论是我们知道的，还是不曾知道的，懊悔或是漠然，无视或是心痛，悲怆还是失落……

当终于有一天，可以暂时丢开生活的琐碎，独自一人将心安静下来的时候，当淡淡的茶香飘散在你心灵低语的时刻，你有没有想过：生命中的美丽与幸福，你错过了吗?

别让脚步太过匆匆，总以为风景在远方，便让心儿飘浮，总以为外面的世界很精彩。殊不知，当你追逐着泰山日出时，自己的头顶就有彩虹；当你在海边逐浪时，生活的城市里母亲河就在日夜不停的涓涓流淌；当你游历名山大川时，身边风景独有。

记忆中有南国那浪漫的法国梧桐，但路旁遮阴蔽阳的老榆树才是最清凉的风景；总想去赏洛阳牡丹，但身边的紫丁香依然馨香四溢；曾羡慕海南的四季如春，殊不知那冰雕玉洁的冰灯吸引了无数海内外游客。

爱情也是这样，身边的习惯了，总以为在远方的才是美丽的。其实一旦走近，才会知道原来曾经的风景独好。

有时感觉就是如此奇怪，总有探奇的心理，似乎遥远的风景如有一层朦胧模糊的面纱，总想去亲手掀开，探视她后面景色的神秘，而身边的风景早习以为常，清澈得没有一点秘密。

难道唾手可得的风景就不值得珍惜，而万里之遥长途跋涉才是值得记忆的景色吗？那遥不可及的南极是不是更充满了诱惑呢？

想想看，风景其实就在身边。有一句话：你站在桥上看风景，看风景的人站在楼上看你。生活处处皆风景，我们每个人都在风景之中。

生活中，我们总是在不断地寻找和追求，以获得更多的爱。殊不知，爱我们的人就在我们身边，那个光着脚为我们开门的人其实就是最爱。平平淡淡的生活，平平凡凡的人，最最熟悉的亲人和朋友，到处充满了温馨的爱，却往往被忽视，被忽略，被忘却。

珍惜拥有，珍惜现在，珍惜身边的一切，风景就在身边，身边有风景……

63 爱情越平淡越有味道

清晨，走过步行街时，看见一对白发老人正在互相搀扶着慢慢向前走。仔细看，是老伯在扶着身体瘦弱的老婆婆，而且，老伯的手里还提着一个折叠板凳。走着走着，两位老人的步伐渐渐慢了下来。老婆婆好像是累了，想歇息一会儿。只见老伯马上打开折叠板凳，放在地上，似乎怕不稳，又拿手试试，然后动作很轻地扶着老婆婆慢慢坐下。看过去，老婆婆的神情是那么疲惫，老伯的眼光又是那么关注……

这是多么不容易看到的这样动人的画面呀！其实，这情景要是在几年前，大家都不会注意。因为这情景随处可见，谁也不太注意出现频率很多的事。正是当今离婚率的不断上升、“第三者”及“婚外情”的诸多现象使人们离这样的和谐越来越远，可知道，这个老婆婆会引来多少人羡慕呀！

古人云：“百年修得同船渡，千年修得共枕眠。”在茫茫人海里，两个人能相遇、相知甚至相爱是多么不容易；在漫漫的人生路上，两个人能携手到白头又是多么的不简单。记得在一首歌词中写道：“我能想到最浪漫的事，就是和你一起慢慢变老，老的我们哪儿也去不了，坐在摇椅上慢慢地聊，那时我依然是你手心里的宝。”虽然，这样的诗情画意，只是书本上的爱情，但这也是多少书外人所一直祈祷、一直在奢求的夕阳的霞光。

在现实生活中，总有些夫妇因感情不和或没有共同语言等原因走不完爱情的红砖道。能像这对老夫妻这样爱惜、执著的又有多少？只怕是能把婚姻进行到底，却无法把爱情进行到底。故事中的婚姻往往是美满的，生活中的爱情却常常是最先枯萎。在这用网络传达感情的年代，你的爱情是否经过注册？

婚前的浪漫情调多像一锅浓汤，慢慢地被日子这碗清水勾兑得淡而无味。怎样精心延续生活这“老汤”的香浓？这就必须不断地用你的心汁补充它的味道，才能让它是晚霞中那道最让人心动的风景。

奶奶是爷爷的童养媳，从小就和爷爷生活在一起。贤惠的她把一家老小照顾得无微不至。虽然曾祖母是个很苛刻的女人，每天奶奶要在她的脸色下忍气吞声，但是奶奶的性格让她毫无一句怨言。奶奶在这个家是任劳任怨的。

奶奶共生有 9 个孩子，但是由于种种原因只有 7 个孩子活了下来。奶奶一直说，要是现在，她的孩子会有救。

不知道爷爷奶奶年轻的时候到底有没有所谓的爱情。现在，他们

已经老了，老到相依为命，再也没有谈情说爱的心力了。

奶奶年轻的时候身体就不好，一直是体弱多病，离不开药的，老了身体更是一天不如一天。都说是少年夫妻老来伴，爷爷一直把奶奶照顾的好好的，并承担了全部的家务。看似平淡的日子其实就是他们简单如水的爱情，透明的可以看见彼此的心。

奶奶一生为人善良宽容，也许是好人有好报吧，她活到80岁。去世的时候没有想象中的那么痛苦。在奶奶去世前的一个多月里，爷爷不让别人插手，奶奶的所有一切他全都负责。奶奶夜里经常醒，每次爷爷都会坐在身边，对于夫妻来说，这就是幸福。自己爱的人能陪在身边白头到老，该是多么欣慰！

奶奶还是走了，爷爷眼中涌出了泪水，世界上最爱他的那个人去了，该是一种怎样撕心裂肺的疼痛！

奶奶的一生平淡如水，而且是一杯白开水，波澜不惊，没有轰轰烈烈，没有玫瑰，什么也没有。但只要有爱情，这就够了，奶奶的一生应该是幸福的。不管如何，她拥有爷爷的爱，女人追求的不就是这个吗？

在现代爱情被金钱玷污了它原本的纯洁时，爷爷奶奶的白开水般爱情显得那么可贵，那么完美。或许，爱情本该如此。

平淡是真，简单是美；幸福，就是爱人指尖轻盈舞动的一缕温馨，是爱人不经意间流露的一句关爱，是心灵相通的会心一笑，是孩子嘴角甜甜的微笑……

64 给婚姻一个缓冲区

一拉爱人的手，就像左手牵右手。失去了往日的浪漫和心跳，许多人在婚后不久就厌倦了平淡琐碎的日子，从而经不住外界的诱惑，各种外遇事件就接踵而至，这是事实。如果有一天，你身边那个一向被你信任有加的爱人也因未能抵御住诱惑而犯下了偷情寻欢的过错，而让原本好端端的婚姻陷入危机，对此，你会有什么样的反应?

大部分的女性朋友遇到这种情况都会忍不住地火冒三丈，“一哭二闹三上吊”似乎远远不能发泄心中的怨恨，于是，“离婚”二字便会脱口而出。并且说到做到，大刀一挥，所有的情丝乱麻一刀两断。

难道离婚真的是拯救婚姻危机的灵丹妙药吗?

许多已冲出围城重获自由的离婚男女，悲哀地发现，他们冲动之下错误删除的“婚姻程序”已无法恢复，只有在失去以后才发现，离婚并不是解决问题的唯一办法。

水灵和丈夫是自由恋爱的，结婚后他们的感情一直都很好。两年后，他们的儿子出生了，需要人带，水灵便辞去工作，在家做起了全职太太。丈夫是一个能干又顾家的人，下了班就回家，实在有应酬，他也总是带上水灵，或者把去向“交代”得一清二楚。

直到有一天，水灵无意中从丈夫的衣袋里看到了“她”的情书，

才知道事情的严重。当时水灵大脑一片空白，根本不相信丈夫会做出这样的事，但眼前的“情书”白纸黑字清清楚楚地展示着他们的爱情。一天的时间，水灵就那样坐在地上，手拿着“证据”，所有关于第三者的故事都汇总到她的脑海里……

晚上，丈夫回来后，水灵便愤怒地提出：“离婚！”丈夫很痛苦，他不希望跟水灵离婚，他求水灵给他一次机会。但水灵给不起，想到他与那个“她”的事，水灵就觉得“恶心”，于是，她很坚决地到法院递了申请。

很快，水灵便“如愿以偿”地同丈夫离了婚，并且争取到儿子的抚养权。之后，水灵一个人带着儿子过。没有丈夫的日子，她既当妈又当爹。为了不把大人的伤害带给孩子，她编织了一个又一个的谎言。但这只是身体的累，心里的苦更让水灵不堪重负——每当夜阑人静，和丈夫在一起的幸福时光总像过电影一样在她眼前一一闪回……她这才发现，自己其实还是很爱丈夫的……

事实上，水灵的丈夫也很后悔，后悔自己当初的举动。可惜覆水难收，他们谁都不愿向对方服软，拉下面子说复婚的事。

是的，就许多角度而言，离婚并不见得是解决外遇问题的好办法，因为你可以对任何人说，你不再爱自己的丈夫，你会找到更好的。但你骗不了自己，你会意识到无论你怎么生丈夫的气，无论你有多么懊恼与愤怒，你心里还是不愿意离开他，失去他。何况，城堡中的战火一旦点燃，受害最深的是孩子，有好多单亲家庭的孩子抽烟、打架，甚至吸毒，这甚至已成了一个带有普遍性的社会问题。

所以，当婚姻发生外遇的危机时，切勿因为一时冲动而轻易地走出围城。为了最大限度地减少离婚对自己以及子女所造成的伤害，同时能给自己多一点想清楚的时间，不妨采用一个解决问题的折衷的办法——试离婚。

也许“试离婚”这个词对于许多人来说还很陌生，许多人光知道有“试婚”一说，“试离婚”为何物他们不甚了解。

“试离婚”，就是在夫妻双方都同意离婚的情况下，不急于从法律上履行离婚手续，在生活上先真正“离”一段时间，给婚姻一个缓冲区，使双方在远离婚姻生活的各种内容的环境下，体验没有另一半的生活，同时，也使双方能够冷静地对婚姻进行反思，对另一半进行再认识。不管结果是离还是不离，都给了彼此充分的考虑，这样才不草率。

从这点来讲，“试离婚”的现实意义远远超过了曾被许多前卫男女视为时尚的“试婚”。“试婚”也许会对当事人造成一定的伤害，而“试离婚”却对矛盾夫妻有利而无害。

文清与妻子感情一直很好。但婚后的第3年，问题来了，他和一个刚来到公司的女大学生一块去外地出差，不能自持，和人家谈工作竟谈出了感情。事情传到妻子耳朵里，她对男人的所有美好信念顷刻间轰然坍塌。后来，尽管丈夫跪着向她认了错，声称自己是一时糊涂，还发誓说再也不会干那样的事，可她还是无法原谅丈夫，坚持要离婚。

正好赶上他要出差3个月，于是，他向妻子提出建议：不如趁这段时间，先进行“试离婚”，等他出差回来后再一起去办手续。虽然妻子想马上结束这段婚姻，但想到可爱的女儿，想到与丈夫一起度过的欢乐时光……最终还是答应了。

在这3个月没有丈夫的日子里，妻子才慢慢地冷却下来，以前丈夫对她的好重新在脑海中一幕幕闪现。“要是失去了他，我的生活会怎样？”她一遍遍地问自己。她第一次感到丈夫在自己的生活中仍是那么重要，她差点为自己的意气用事付出沉重的代价。

在丈夫出差归来的那一天，妻子约上几个他的好友，到车站去接他，就这样他们又花好月圆了。丈夫暗自庆幸：幸亏当初做出了“试离婚”的明智决定；而妻子也暗自庆幸：幸亏他出差了这3个月！

俗话说“百年修得同船渡，千年修得共枕眠”，茫茫人海，芸芸众生之中，唯独能和他手牵手走过红地毯，这缘分来之不易，怎能说散就散，说离就离，说断就断？婚姻是神圣的，美好的生活是两人共同创造的，出了问题为什么不能理性地面对？离婚并不是唯一选择，给婚姻留条后路吧！

65 对家庭不满的人在家外也未必能快乐

古人云：家和万事兴，家齐国安宁。足以见得，家庭对于社会的意义是举足轻重的，对于个人而言又是不可或缺的。

有人把家庭比作社会的细胞，这是最恰当不过的。家是社会稳定的基石，是人生旅途中温馨的驿站，是人生事业的“助推器”。和谐家庭就必涵盖了家庭成员间感情、兴趣、爱好、谈吐等能默契和谐，彼此相处融洽，互谅互慰，充满温暖，是爱、尊重、责任、谅解、幸福、温暖等元素组成的共同体。

家庭关系是影响和谐家庭最为主要的原因。家庭生活中最复杂的一门学问，就是家庭关系的处理上。列夫·托尔斯泰就曾讲过：幸福的家庭都是相似的，不幸的家庭却各有各的不幸。随着社会、经济的发展，婚姻家庭中的个人，其伦理道德、生活方式以及思想观念都发生了不少变化。而这些变化便不可避免地影响到家庭关系，再加上代沟的存在，婆媳之间、上下辈之间，如果没有一种关系上的协调，则很容易引发“战争”。这势必影响这个家庭的和谐。可以说，家庭关系的好坏是影响和谐家庭的主要原因。

在家庭问题上，宽容点、厚道点、糊涂点，比什么都好，给矛盾缓解留点余地，给家庭生活增添点朦胧美。

有成功事业没有幸福家庭的人不能称为幸福的人，有成功事业没有幸福家庭的人也无法活得无怨无悔。婚姻中丈夫与妻子应该各有各的天空，也应该给对方宽容和尊重，不过双方都需要掌握好分寸，不能因为过分注重事业而冷落了夫妻感情。

在优秀的人眼里，家仅是一个硬件，“人”才是组成并发挥功用的软件。每个人都带一些快乐与欢笑回家，家里自然充满笑声；相反，每个人都带烦恼与不快回来，定是愁云惨雾。当然，我们并不是告诉大家“报喜不报忧”，互相分享，也互相分担，是家的功用之一；但分担的意义是通过沟通才达成的，而不是成天绷着脸，将心中怨气毫无道理地扔给其他人，或是老觉得别人看不起自己。

很多事业有成的人之所以生活一团糟，就是因为角色混乱。其实做老总时你可以指点江山，但做你的另一半时你必须平凡随和，在两个角色的互换时要尽量做到游刃有余。每个人都希望做个好伴侣，但不是每个人都懂得怎样去做。女人喜欢当总经理的丈夫，但不喜欢天生就是总经理的丈夫。

美国著名作家海明威，他的写作风格影响了整个世界。他由那篇塑造了铮铮硬汉形象的小说《老人与海》而获得了诺贝尔文学奖。在

海明威的身上有许多光环：杰出的文学家、战场上的英雄、男子气十足的硬汉……但他的爱情和婚姻却很难称得上美满。

海明威经历过数次婚变，尽管婚姻出现问题的原因是复杂多样的，但最主要的原因恐怕还在于海明威没有正确处理好爱情与事业的关系。

海明威有一个妻子叫哈德丽，有一次，海明威去了瑞士，哈德丽打算去瑞士接他。这个好心的女人想：海明威也许会抽空继续写他未写完的小说。于是，她就把海明威所有小说的手稿，包括副本一起，都装在了一个手提箱里。不幸的是，这个箱子却在火车上被人偷走了。

面对这一严酷的事实，哈德丽简直要疯了。在见到海明威时，她痛哭流涕，泣不成声地连声说着："对不起！"海明威一直想成为一个伟大的作家，因为这一飞来横祸，海明威不得不重新开始他的计划。当海明威信赖的人，如他的妻子哈德丽，阻碍了他的发展时，他发现要原谅她很难……不久，海明威与哈德丽就离了婚。

玻琳是海明威的另一任妻子。1928 年 6 月 28 日，玻琳生下了她与海明威的第一个孩子，这是一次非常艰难、非常危险的分娩。然而，海明威却把这个哭叫的婴儿和虚弱的玻琳一起丢在家里，一个人动身去外地打猎，以逃脱这儿夏天的炎热与烦乱。

后来，玻琳生第二个孩子时再次遭遇了难产，医生警告她再次怀孕会要了她的命。孩子的哭叫让海明威心烦意乱，于是，再次丢下孩子和妻子，出去钓了两个星期的鱼。

不久，被家庭和孩子搅得有些烦躁的海明威很快迷恋上了另一个年轻、漂亮的女人，这样一来，玻琳和海明威的婚姻也走到了尽头。

歌德曾经说过："不论是国王还是农夫，谁在家里找到了安乐，谁就是最幸福的。"生命是短暂的，只有对事业与家庭生活同样重视的人，才有可能走向事业和家庭兼顾的成功之路。

家庭的温馨和睦，除了要有爱情基础外，更需要男女双方的彼此尊重，彼此理解，彼此宽容。

婚姻爱情是一本大书，是要我们用一生的时光来解读的。对于决定一个家庭的人来说，你用心灵去探察、去理解、去解决，就必定能抓住这本书的精髓。

66 宽容是让婚姻更幸福的法宝

两个人经过恋爱，终于步入婚姻神圣的殿堂。夫妻进入平凡而琐碎的家庭生活，裹在男女双方身上的神秘面纱就撩开了，这时双方就逐渐地看清彼此的本来面目，尤其是对方身上的缺点。与此同时，双方的分歧就不可避免，不过也无须避免。这是无法改变的事实，没有谁的婚姻是完美无缺的。积极正确的态度是：收敛自己张扬的个性，宽容配偶也宽容自己。

小方的丈夫是一位麻坛高手，津津乐道于下班后邀朋聚友布方城。每每夜半方归，小方自然不满意。但她并没有正面出击，而是采取了以退为进的糊涂战略。第一次，丈夫玩牌晚归说："单位开会了！"第二次，他又说："陪客人吃饭了！"第三次，他又说："厂里加班了！"心如明镜似的小方每当此时都假装糊涂，任由他把这个美丽的谎言编撰下去。这种糊涂反倒使丈夫深感理亏心虚了，撒慌到第九次，他竟红着面孔坦白，从此“金盆洗手”再也不干了。

他说，他对不起如此胸怀大度的爱妻。

郑板桥先生有句名言“难得糊涂”。夫妻之间，在一些小是小非面前，在一些鸡毛蒜皮的小事面前，睁一只眼、闭一只眼，不较真，糊涂点，才会善莫大焉，才不会因小失大。

同在一个屋檐下，同在一座围城中，朝相见、晚相伴、长年厮守在一起，再和睦、再恩爱的夫妻，也难免有摩擦、有矛盾，也会有“舌头碰到牙”的时候，在这种“家常便饭”面前，太认真了，太较真了，非得咄咄逼人地辩出个你对我错，争出个你高我低来不可，只能使“战事”升级，小事变大；久而久之，难免会使稳固的婚姻发生裂痕，使无间的情感产生黑洞。

学会把夫妻难得是糊涂的婚姻艺术得心应手地运用到婚姻生活中，是一种机敏，一种理智。妻子发火了，丈夫嬉皮笑脸地装回“糊涂虫”，绝不与她争辩，妻子则会很快地冷静下来，甚或理智地反思自己；丈夫做错了一件小事，妻子胸怀大度地装糊涂根本没有当回事，更没有河东狮吼兴师问罪，丈夫则会很感动，感动之余反倒会检点自己……这种糊涂，是对夫妻情感的一种真心呵护，是对提升婚姻质量的一种保证，也是心与心的一种互动与靠拢。

当年著名钢琴演奏家，约翰·斯特劳斯准备跟情人——一位女高音歌唱家私奔，被不知情的记者捕捉到了行踪，记者以为即将跟约翰·斯特劳斯同行的是他太太，就跑去问约翰·斯特劳斯的太太，她含泪眼望着被人们簇拥着的丈夫和情人从华丽的剧院走出来，可是并没有上前去阻止，约翰·斯特劳斯临上船前，想起了妻子的泪眼，最终回到了妻子的身边。

婚姻中，如果两个人都具有扩张性，都想从对方身上消除自己不喜欢的东西，你强我比你更强，谁也不服谁的气，那么婚姻就会变成一场旷日持久的战争。人生是否壮阔完美，夫妻间的信任与支持、尊重与鼓励、理解与忠诚都是让婚姻更加幸福、事业更加辉煌的基础。辉煌也好，平凡也罢，重要的不是结果，而是夫妻两人同舟共济、并肩打拼的过程。

夫妻之间，度量要大，才能时时保鲜双方的感情。只有双方共同去珍惜，感情才能长久。而美满的婚姻是促进事业发展的最大动力。不是每个人都能找到自己所爱的人，爱情有时候是件奢侈的东西，可遇不可求，错过了一次，也许今生就永远错过了。所以沐浴在爱河里的人们，请相互多一些宽容吧。

尽管婚姻生活总避免不了不愉快的小插曲，但我们可以尽可能地做好一些。而正是相互间的宽容，才能使相爱的两颗心灵既相互独立，又相互补充、沟通。宽容是让婚姻更幸福的法宝！

67 追求金钱并不俗，但不可被其奴役

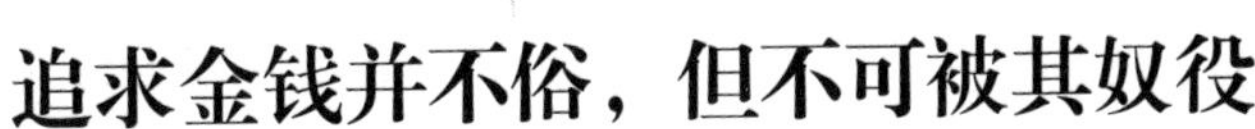

子曰：“富与贵，是人之所欲也，不以其道，得之不处也；贫与贱，是人之所恶也，不以其道，得之不去也。君子去仁，恶乎成名？君子无终食之间违仁，造次必于是，颠沛必于是。”

这段话的意思是说："有钱有地位，这是人人都想要的，但如果不是用正道的方式得来，君子是不接受的；贫穷低贱，这是人人都厌恶的，但如果不是用正道的方式摆脱，君子是不摆脱的。君子一旦离开了仁道，还怎么成就好名声呢？所以，君子任何时候，哪怕是在吃完一顿饭的短暂时间里也不离开仁道，仓促匆忙的时候是这样，颠沛流离的时候也是这样。"

圣人孔子也肯定了求取金钱，摆脱穷困的欲望是人的本性，是正当的。

金钱是创造美好幸福生活的工具。但是也要明白，只有你真正地理解了关于金钱的正确观念，以一颗平常心去看待金钱，它才能给你带来幸福的生活，否则，一不小心成了它的奴隶就不好了。

在一个很大的寺院里面住着一个游方化缘的和尚。有一段时期，这个庙里的香火很盛，经常有人来上供一些好东西。这个和尚因为害怕再过以往那清贫孤苦的日子，就一改初衷，不为佛祖工作了，他要一心一意地为金钱而忙碌。

这个和尚把香客上供给佛祖的各种供品统统偷偷卖掉，积少成多，慢慢地他积攒起一大堆钱。

自从有了这些钱以后，和尚整天疑神疑鬼，无论白天黑夜，他都把这些钱抱在自己的怀里，不敢有一时松懈，生怕丢失或被别人偷走了。无论白天黑夜，他都感到心神不宁，痛苦不堪，直至精神崩溃。

从上述这个故事可以看出这位和尚的心理已经被金钱物欲所扭曲，以至于像恶魔缠身一样而折磨或吞噬了自己。

那么追求财富的人快乐吗？

汉文帝下诏赐给宠臣邓通一座铜山，让他有权自行铸铜钱，可谓是富甲天下。可是最后他被下狱，活活饿死在狱中。那些钱对他又有何益呢？最后甚至不能为他买一个馒头来续命。而石崇等人奢侈到用蜡烛当柴火，用蜂蜜来刷锅，甚至可以杀掉美妾劝酒，豪霸一时，然而须臾间也一样身死家灭。

其实物欲上的刺激，只能是一时之快。过完瘾后却更加感到空虚无聊。山珍海味、鲍鱼驼峰吃得多了，胃口反而不好了，名酒洋酒喝多了，反而要呕吐出来。过多的金钱使人的快乐神经开始麻痹。以致于让人找不到什么才是“快乐”的事情。医学专家分析毒品的特性时发现，毒品之所以让人上瘾，是因为毒品“劫夺”了人的快乐机制。毒品直接刺激大脑，让大脑产生这种快感，而且要强得多。所以吸毒的人只对毒品感兴趣。而且需要的刺激越来越强，才能满足，如果没有毒品，他们就无法忍受。正所谓：“风流得意之事，一过辄生悲凉，清真寂寞之乡，愈久愈增意味。”

一个人有了过多的金钱，他可以拥有一般人无法拥有的东西，如名车、别墅、宝石等。但他也丧失了很多东西，他会分不清身边的爱人是爱他还是爱他的钱？他的财产会不会被盗？他的亲人会不会被绑架？他也有很多烦恼。虽然他不用劳作，但也没有了劳作后的惬意，虽然他的钱今生也花不完，但心里却十分的空虚。

在《庄子·至乐》中说：“夫富者，苦身疾作，多积财而不得尽用，其为形也亦外矣。夫贵者，夜以继日，思虑善否，其为形也亦疏矣。人之生也，与忧俱生，寿者惛惛，久忧不死，何苦也！”意思说：富有的人，劳累身形勤勉操劳，积攒了许许多多财富却不能全部享用，那样对待身体也就太不看重了。高贵的人，夜以继日地苦苦思索怎样才会保全权位和厚禄与否，那样对待身体也就太忽略了。人们生活于世间，忧愁也就跟着一道产生，长寿的人整日里糊糊涂涂，长久地处于忧患之中而不死去，多么痛苦啊！

所以用老庄的思想来看，世人所追求的金钱名利都是束缚人的枷锁，一旦被这些外物所役，人也就变成了它们的奴隶。有人认为如果按照老庄之说，那就是什么都不用争了，只管混吃等死罢了。其实这是误解。

老庄主张的是顺“道”而行，顺天而行，顺自然而行。该做的事要做，可是不该劳累自己心神的那些物欲就应该放下，还自己一个清静。人如果能够达到这种境界，也就可以像老庄一样逍遥了。

68 君子爱财，取之有道

李嘉诚先生讲到他在商场上赚钱的时候，总是提到他做生意的手法是利己利人，“是我的钱，一元我都要。不是我的钱，送到门口我也不会要”，“不义而富且贵，于我如浮云”。

作为中国人，我们庆幸有李嘉诚先生这样的商业巨富为国人争光，使外国人知道，中国一样有杰出的生意人，一样有超乎常人商业头脑的人，一样有目光如炬、有先见之明的生意人。同时，李嘉诚先生所赚的钱，全部是在提供产品及服务于顾客之时，使顾客在满足他们的需求、大家互惠互利之下所赚回来的钱。这些钱不是他旗下的企业通过剥削消费者或是以任何形式的巧取豪夺而得来。

李先生曾在公开场合说过，他的钱没有一分一厘是见不得光的。这种潇洒和坦然是没有几个人能够做到的。这就是“君子爱财，取之有道”。而这种通过正道取财的途径乃谦谦朗朗的君子之所为。谁言：“人无横财不富”？李嘉诚先生的成功不就是最好的反证吗？

李嘉诚先生数十年来在商场经营，由自行创立第一家塑料工厂开始，然后进军地产行业，再收购和记黄埔，收购香港电灯集团，收购青洲英泥有限公司，再打开电信业务、货柜码头事业，进军其他国家的电信业等，所有利润都是通过正当的生意赚取回来的。由此，昂首挺胸地登上世界十大巨富之列、华人首富的位置。

追求财富是时代的主旋律，也是人们美好的愿望。但已趋成熟，刚满 18 岁的年青人，应谨记：千万不要走歪路，不要干非法的勾当。否则可能会一足失成千古恨，回头已是百年新。

从李嘉诚先生的成功史中，我们看到，只要个人肯努力，再加上成功人物应有的眼光、判断能力等因素，财富就会稳稳当当地涌来，而靠非正义途径所得的财富终究难登大雅之堂，也会终生事端。

现实中，有些人难耐经济热浪的狂推猛追，眼见周围的人一个个财源滚滚，就恨不得自己也成为一个巨富，投机钻营、捷径求财，能想的招儿全都用上，结果害人害己，不仅美梦难圆，还连累亲人。其中尽管有人侥幸成功，可好景又能延续多久？所以，君子爱财，要从正道求取，要对得起自己和他人，做一个堂堂正正的人。

贫不失志，贱不失义

贫贱是指社会地位低下和生活境遇的困顿。如何看待贫贱，如何改变贫贱，古代思想家们作过深入的思考。他们用长远的眼光看到富贵贫贱可以生灭、转化，要求人们以宏远的境界来对待生活，做到贫不失志，贱不失义。

金兰生著的《格言联璧》中讲："贫不足羞，可羞是贫而无志；贱不足恶，可憎是贱而无能。"这里讲的就是贫不失志；贫不失义的道理。

历史上有发于畎亩之中的舜、举于版筑之间的傅说、举于士的管仲、举于海的孙叔敖、举于市的百里奚，原来都很贫贱，有的还是奴隶，后来都成了名君名臣。这说明贫贱的逆境对人的影响有两面性：一方面给人带来物质生活和精神上的痛苦；另一方面又可以锻炼人的意志，增长人的才干，也就是孟子说的："动心忍性，增益其所不能。"

他们说的意思也是贫困苦难可以使人坚强，使人成熟，不必计较人生的困苦，那都是生活对我们的教诲。

外国也不乏身处贫贱但善于接受生活教诲的人，最后取得了富贵和成功。美国总统林肯降生在猎人的小屋，成长在马车和帐篷里，当过帮工、船员和店员，受正规教育的时间加起来不到一年。漂泊无定的艰苦生活丰富了他的生活阅历，为他后来从事政治活动打下了坚实的基础。马克·吐温12岁起即自谋生路，以后长期流浪，当过水手、舵工和淘金者。这一段颠沛流离的苦难生活，是他独有的财富，使他成为举世闻名的作家。爱因斯坦大学毕业后长期没有固定的工作，但他以乐观的天性忍受物质生活的贫困而潜心于科学研究，建立了相对论，成为在物理学等许多领域都有重大成就的科学家。他们的人生经历证明了贫困是生活给我们的磨炼和教诲，它会使一切有志者受益无穷。

70 人活着总是要有一点精神的

一个人无论身处什么样的境地，面对什么样的困境，永远不能丢弃的是那一点“活着的精神”。低三下四，即便讨得一点儿，也会受人轻慢。午餐幸运地吃到一点儿“嗟来之食”，晚餐再去乞求，可能就要吃“闭门羹”了。人们永远敬重的，是那些自强不息，知道别人的脸色和自己的血色，知道别人的语调和自己格调的人。

即使艰难，也得有些骨气，否则，这一次被人抬起，下一次瘫倒之后，就可能连同情的目光也得不到。今天的呻吟哀号，得到别人的抚慰，明天再呻吟哀号，就可能让人鄙夷和厌烦了。能够感动人的，永远是那些能够全力抵抗挫折，一次次倒下又一次次奋力站起来的人。

唉声叹气不是解决问题的办法，祥林嫂式的可怜相，有时唤起的恰是一种冷漠：“自己糟蹋自己，别人怎么抬举你？”

如果你想依靠别人让你保持站姿，别人就只好拴个绳子把你吊起来，但要知道，那种方式与让你死的方式最接近；如果你想依靠别人使你往前走，别人最有效的办法就是从前面牵着或从后面推着，但要知道，那其中包含着一种把人不当人的味道。

人是有尊严的，放弃了这一点，任何人都会不堪入目。保持精神是维护尊严的重要途径。

即使很累，也要把自己耐力发挥到极限，咬住牙，沉住气，才能走过一段艰辛的路。坚持，最能使生命美丽，最能使人感动。为了轻闲而宁愿忍受屈辱的人，绝不会拥有真正属于自己的清闲。

人有精神，别人就不会以蔑视的目光注视你，就不会以一种飘忽的眼神对待你。即使你穿着一般，即使你干着很粗重的体力活，即使你气喘吁吁汗流浃背，也会赢得别人的尊重。

小人物也需要一种浩然之气：“人必自侮，然后人侮之；家必自毁，然后人毁之”。自己放弃了自己，自己对自己失望了，任何外来的关心，任何外来的照顾，都只是别人的一种心态，一种姿势，对于改善自己的生活，改变自己的形象都无济于事。

别人可以给你一点钱，可以给你几句安慰的话，但没法给你一种力量，没法给你一种精神。缺乏脊梁骨的人，谁也没法让他抬起头。

71 害人之心不可有，防人之心不可无

善良的人都有一颗不设防的心，卑鄙的人正是利用了这一点，屡屡让善良的人受到伤害。

所以在这里提醒所有善良的人，做人应该德行淳厚一点，但是不能做毫无防人之心的烂好人。善良也该有点分寸，把自己的仁义善良暴露在小人面前，就是在自取伤害。生活是残酷的，害人之心不应有，防人之心却不可无。

东郭先生和狼的故事，广为人知。东郭先生对狼也讲仁义，结果险些送命。在生活中，如果不加防范，同样是错误的，会给自己带来很大的伤害。

前秦皇帝苻坚对人善良，心胸极为开阔，他对投降和被俘的人，从不乱杀，也很少猜疑，有的还委以重任。

当时，鲜卑亲王慕容垂投靠他，苻坚毫不设防，盛情招待，像亲兄弟一样信任他。有的大臣认为慕容垂并不可靠，于是对苻坚说："皇上心地善良，好行善事，但也不能滥施仁义，轻易地相信人。我看慕容垂面露奸诈，不是忠厚的人，他只是走投无路才投靠皇上，对他应当警惕啊。"

苻坚最恨无情无义的人，他认为这是大臣嫉妒慕容垂，于是说："慕容垂是个难得的人才，他能投靠我，正是因为他相信我啊。我善待他是应该的，否则，天下的能人志士一定会说我不能容人，这对我声名有损。"

苻坚伐晋失败后，前秦民心浮动，形势不稳。这个时候，一直心怀鬼胎的慕容垂以安抚百姓为名，脱离了苻坚，号召前燕帝国的鲜卑遗民复国，建立了后燕帝国。

又如，羌部落酋长姚苌，苻坚在做亲王时便救过他一命。当时，姚苌犯罪当斩，在押赴刑场时，苻坚见他英武不凡，于是善心发作，当场将他免死。苻坚做了皇帝，对姚苌更为器重，和他无话不谈，授他很大的权柄。

对于姚苌，许多人都认为他是个小人，有的还揭发说："姚苌身为羌人，时刻想要自立为王，他暗中联络羌人，私招兵马，这都是他有野心的明证。皇上对他过于宽厚，就是对自己残忍，要知道，恶狼是无法感化的，而只能打杀。"

苻坚不听良言，反以自古第一仁君自居。他曾得意地说："我只担心自己的善行不多，却从不相信这样做有什么坏处。谁也不能阻止我行善。"

姚苌后来也叛变了，建立了后秦帝国。

慕容垂和姚苌的反叛，给了苻坚致命一击，前秦很快就瓦解了。

更惨的是，苻坚成了姚苌的俘虏，姚苌不但不感念旧情，还把他活活勒死。

苻坚死时，姚苌的羌人部队都感到不忍，为他流下了眼泪。

苻坚他只知行善的好处，却不知对恶人行善的坏处，所以才会落下悲剧。

现实生活中，因为缺少防人之心而受到伤害的事例也屡见不鲜。

工作勤恳，任劳任怨的张轻，进入某公司营销部后，一直努力工作，创造了不少佳绩。没想到，公司调来一位新经理，提出人事改革建议，而他的第一把火就烧到营销部头上，从部门主管到员工，全部换成新经理的嫡系部队，张轻被调到调研部做分析员。张轻怎么也想不通，无论工作态度还是业务能力，自己都很好，以前曾共过事的现任副总还直说要提拔他做副手。可如今到底怎么了？自己究竟把谁得罪了？让他做梦也想不到的是，做出这个决定的正是他一直深信不疑的那位副总。

生活有美好的一面，也有严酷的一面。我们不能因为生活的严酷去否定生活的美好，我们也不能因为生活的美好而不去正视生活的严酷。

活在世界上，我们必须与各种各样的人打交道，一定会与许多说不清的风险相遇。但是，如果缺乏对自己基本负责的态度，和对内外风险的防范之心，就可能造成生命财产、情感、事业等多方面的破坏。

如何保护自己，让自己的生命、事业等都得到必要保证，这就是基本的“生存智慧”。

“害人之心不可有，防人之心不可无”，就是我们的生存智慧之一。

这句中国人的“古训”，充分说明了对待他人的辩证关系：一方面，对待别人，不应该存有伤害之心；另一方面，当对别人没有足够了解时，需对他人有所防备，防备他人存有坑害自己的心。

所以，要远离危险的地方。这包括两方面：一是防患于未然，预先觉察潜在的危险，并采取防范措施；二是一旦发现自己处于危险境地，要及时离开。

生活不仅是美好的，同时也是严酷的，这一点无论如何也不要忘记。

72 付出的爱必会得到回报

自私冷漠的人拥有再多也难以获得快乐，而拥有一颗春风般的爱心，你就是一块磁性强大的磁石，即便物质生活再贫穷，也可以将幸福和快乐牢牢地吸在身边。

不知大家还有没有印象，中央电视台曾报道过贵州山区的一个普通老师的感人事迹，让人不得不对他的那颗博爱的心肃然起敬。

这位老师姓陆，幼时的小儿麻痹让他无法像正常人一样站立行走。但他心灵手巧，在生计问题上，干什么都可以挣钱养活自己，而且比干老师挣钱多。但当村领导找到他时，他毅然选择了当教师。因为他知道村里已经因为没有人愿意当老师停课一年多了，而山里的条件之差也让许多孩子辍学在家。就在这种情况下，他开始了自己的教学生涯。这份工作对于常人而言没什么困难，但对于陆老师而言，他不得不面对眼前的一切困难，第一，学校已经没有学生，他得一个个去家访，争取让他们回学校，但山路难走，同学们的家又相距很远，甚至在家访中还得穿过树林。第二，他自己不能站立行走，为了能把学生请回教室，他为自己做了一双特殊的像船一样的鞋子固定在膝盖下，帮他攀爬陡峭的山路。为了在穿过树林时不致于被野兽当做口中食，他还专门做了一只铜哨吓唬野兽。在那双特殊的鞋和铜哨的陪伴下，他将七十多个学生请回了学校。几十年间，他的脚印遍布了周边的7个山区。

2006年他58岁了，在社会各界的关注下，医院给他做了手术并让他第一次站了起来，第一次穿上鞋。面对着这一切，在多少困难面前从没抱怨过一句的陆教师不禁潸然泪下。他说："感谢社会的关爱，58岁才第一次站起来，第一次穿上鞋都是社会给予的，我感谢社会。"一个为社会无私奉献了一生的人理应受到社会的关爱，而他对此也充满了感激。

73 要拥有一颗感恩的心

在日常生活中，常有父母抱怨孩子们不听话，孩子们抱怨父母不理解他们，男朋友抱怨女朋友不够温柔，女孩子抱怨男孩子不够体贴。在工作中，也常出现领导埋怨下级工作不得力，而下级埋怨上级不够理解，不能发挥自己的才能。总之，对生活永远是一种抱怨，而不是一种感激。他们只是在意自己没有得到什么好处，却不会想别人付出了多少。

只有抱怨而没有一颗感恩的心，怎么能感受到幸福?

当然，感恩的心不是天生就有的，它是可以培养出来的，许多人从未真正感觉到它。由于我们只注意我们需要什么，很少注意这些东西是别人付出多少代价换来的。如果你要拥有美好的生活，就应下意识地培养感恩的心。

一次，古罗马众神决定举行一次欢迎会，邀请全体美德神参加。真、善、美、诚以及各大小美德神都应邀出席，他们和睦相处，友好地谈论着，玩得很痛快。

但是主神朱庇特注意到有两位客人互相回避，不肯接近。主神向信使神库瑞述说了这一情况，要他去看看这是怎么回事。信使神将这两位客人带到一起，并给他们介绍起来。

“你们两位以前从未见过面吗？”信使神说。

“没有，从来没有。”一位客人说，“我叫慷慨。”

“久仰，久仰！”另一位客人说，“我叫感恩。”

生活中慷慨的行为也常常难以得到真诚的感恩。事实上，我们每个人每天的生活都在仰赖着他人的奉献，只是很少有人会想到这一点。

世界上最大的悲剧是一个人大言不惭地说：“没人给过我任何东西！”这种人不论是穷人或富人，他的灵魂一定是贫乏的。

有些人对感恩感觉迟钝，对怨恨却十分敏感。他们只会怨天尤人，而且感觉人生充满不幸。这类人对别人的要求特别高，喜欢用自己的思考模式来规范他人，结果往往成为不受欢迎的人物。整天抱怨他人，却不知好好检讨自己。

有些人也会因为自私，只知从别人身上得到好处却不知回馈而不受欢迎。短视近利的后果，往往令帮助他的人感到失望，不再给予支持。这类人多半自以为是，从不考虑自己的责任，老是认为别人在算计他，对他不怀好意，想要陷害他，却不知他自己太狭隘致使众叛亲离。

一个心胸开阔的人，当他意识到上天的赐予有多丰厚时，他会真正地谦卑起来。他感激别人对他的生活所做的贡献。任何人以自己的成功为荣时，都应该想起他从先人处接受的东西有多少，以一颗感恩的心使自己幸福、快乐。

74 活在当下

过去的早已过去，未来的又遥不可及，所以生活不在别处，就在当下，一旦你明白了这个道理，你就会发现原来自己苦苦追求的就是珍惜现在所有的生活，我们所能做的就是珍惜现在所有的生活，无论清闲还是忙碌，无论富贵还是贫穷，只要用心，你就能生活得无比快乐！

在生活中，人们也往往喜欢追寻着一些不切实际的梦想，为此忽视了周围的一切，结果失去了此刻就没有下一刻，不珍惜现在也就无法拥有未来了。

有一个小伙子，就是不懂得这个道理，总是生活在未来的妄想中而忽略当下的存在。有一天，他又在想："我要在20岁时找个漂亮的女朋友；30岁成家立业；40岁成为亿万富翁！"正在这个时候，一个神仙出现在他眼前，给了他一只表，说："当你想要时间变快的时候只要拨动这只表，就可以如愿以偿了！"

小伙子高兴极了，他想快点到20岁，于是他就把表向前拨动了

一格，一个漂亮的女孩突然出现，并成了他的女朋友。他想：“如果现在就能结婚就更好了。”于是他又转动了表，婚礼上，他与漂亮的女孩并肩而坐，悠扬的音乐和醉人的美酒都出现了。

他又想：“如果现在就是洞房花烛夜多好呀！”于是他再一次转动了表，屋子里只剩了他们两个人。他心中的愿望层出不穷，于是不停地拨动着表，得到了宽敞的房子、大把的钞票、吵闹的孩子……

时间飞快地过去了，他的梦想都实现了，生命也很快地走到了尽头。弥留之际，他开始后悔自己以前没有认真享受生活，从不珍惜当下，转眼生命已经到了尽头；如果可以重新来过，他一定会认真地活在每一天，可是后悔已经来不及了，因为那个神仙告诉他，那块表只能向前转，不能向后调。他躺在床上后悔莫及，痛哭流涕。

突然间，他醒了。原来只是一场梦，小伙子欣喜地发现自己又可以享受生活的鸟语花香、蓝天白云了，这是多么可爱的一切呀！

一场梦让小伙子懂得了“当下”的意义。活在当下，就是全心全意地投入现在的生活，这样才不会让过去扰乱精神，阻挡着前进的步伐，更没有被未来强拉着盲目地狂奔。

活在当下，意味着无忧无悔。对未来会发生什么不去作无味的想象与担心，所以无忧；对过去已发生的事也不作无味的思虑与算计得失，所以无悔。人能无忧无悔地活在当下，就不会为一切由心所生的东西所束缚。因此活在当下的人，是愉悦而充实的！

梦想是一碰即碎的泡沫，未来是遥不可及的梦想，我们所能把握的，所能真实感受的只有现在而已！

75

不要过分计较得失

清代红顶商人胡雪岩破产时，家人为财去楼空而叹惜，他却说："我胡雪岩本无财可破，当初我不过是一个月俸四两银子的伙计，眼下光景没什么不好。以前种种，譬如昨日死；以后种种，譬如今日生吧。"胡雪岩的这种得失心当数"糊涂之极"，然而，失去的已经不再拥有，再去计较又有何用？所以，还是糊涂一点好。

人生的许多烦恼都源于得与失的矛盾。如果单纯就事论事来讲，得就是得到，失就是失去，两者泾渭分明，水火不容。但是，从人的生活整体而言，得与失又是相互联系、密不可分的，甚至在一定程度上，我们可以将其视为同一件事情。我们不认真想一想，在生活中有什么事情纯粹是利，有什么东西全然是弊？显然没有！所以，智者都晓得，天下之事，有得必有失，有失必有得。

山姆是一个画家，而且是一个很不错的画家。他画快乐的世界，因为他自己就是一个很快乐的人。不过没人买他的画，因此他想起来会有些伤感，但只是一会儿。

"你玩玩足球彩票吧！"他的朋友劝他，"只花 2 美元就可以赢很多钱。"

于是山姆花2美元买了一张彩票，并真的中了彩！他赚了500万美元。

“你瞧！”他的朋友对他说，“你多走运啊！现在你还经常画画吗？”

“我现在就只画支票上的数字！”山姆笑道。

山姆买了一幢别墅并对它进行一番装饰。他很有品位，买了很多东西：阿富汗地毯，维也纳柜橱，佛罗伦萨小桌，迈森瓷器，还有古老的威尼斯吊灯。

山姆很满足地坐下来，他点燃一支香烟，静静享受他的幸福，突然他感到很孤单，便想去看看朋友。他把烟蒂往地上一扔——在原来那个石头画室里他经常这样做——然后他出去了。

燃着的香烟静静躺在地上，躺在华丽的阿富汗地毯上……一个小时后，别墅变成火的海洋，它被完全烧毁了。

朋友们很快知道这个消息，他们都来安慰山姆。“山姆，真是不幸啊！”他们说。

“怎么不幸啊？”他问。

“损失啊！山姆你现在什么都没有了。”朋友们说。

“什么呀？不过是损失了2美元。”山姆答道。

在人生的漫长岁月中，每个人都会面临无数次的选择，这些选择可能会使我们的生活充满无尽的烦恼和难题，使我们不断地失去一些我们不想失去的东西，但同样是这些选择却又让我们在不断地获得。我们失去的，也许永远无法补偿，但是我们得到的却是别人无法体会到的、独特的人生。因此，面对得与失、顺与逆、成与败、荣与辱，要坦然待之，凡事重要的是过程，对结果要顺其自然，不必斤斤计较，耿耿于怀。否则只会让自己活得很累。

俗话说“万事有得必有失”，得与失就像小舟的两支桨，马车的两只轮，得失只在一瞬间。失去春天的葱绿，却能够得到丰硕的金秋；失去青春岁月，却能使我们走进成熟的人生……失去，本是一种痛苦，但也是一种幸福，因为失去的同时也在获得。

一位成功人士对得失有较深的认识，他说：得和失是相辅相成的，任何事情都会有正反两个方面，也就是说凡事都在得和失之间同时存在，在你认为得到的同时，其实在另外一方面可能会有一些东西失去，而在失去的同时也可能会有一些你意想不到的收获。

人之一生，苦也罢，乐也罢，得也罢，失也罢，要紧的是心间的一泓清潭里不能没有月辉。哲学家培根说过："历史使人明智，诗歌使人灵秀。"顶上的松阴，足下的流泉以及坐下的磐石，何曾因宠辱得失而抛却自在？又何曾因风霜雨雪而易移萎缩？它们踏实无为，不变心性，方才有了千年的阅历，万年的长久，也才有了诗人的神韵和学者的品性。终南山翠华池边的苍松，黄帝陵下的汉武帝手植柏，这些木中的祖宗，雨天雷摧折过它们的骨干，三九冰冻裂过它们的树皮，甚至它们还挨过野樵顽童的斧斫和毛虫鸟雀的啮啄，然而它们全然无言地忍受了，它们默默地自我修复、自我完善。到头来，这风霜雨雪，这刀斧虫雀，统统化做了其根下营养自身的泥土和涵育情操的"胎盘"。这是何等的气度和胸襟？相形之下，那些不惜以自己的尊严和人格与金钱地位、功名利禄作交换，最终腰缠万贯、飞黄腾达的小人的蝇营狗苟算得了什么？且让他暂时得逞又能怎样？！

人生中，得与失，常常发生在一闪念间。到底要得到什么？到底会失去什么？仁者见仁，智者见智。不可否认的是，人应该随时调整自己的生命点，该得的，不要错过；该失的，洒脱地放弃。

不以太过认真的态度计较得失，人生才能有更多的风景呈现。

76 学会宽容

忍一时风平浪静，退一步海阔天空。多一分平和，就多一分快乐；多一分宽容，也就多一分真诚。

有的人遇事想不开，甚至为芝麻粒大的事，就把仇恨记在心里，当然吃不好饭，睡不好觉，自己折磨自己。也有的人觉得谦让就是“吃亏”、“窝囊”，因而在非原则矛盾面前，总以强硬的态度出现，甚至大动干戈，结果非但使矛盾不能缓解，而且丢了自己的人格。因而每一个人都应善待身边的每一个人，培养自己“豁达大度”的美德。

法国大作家雨果说得好：“世界上最宽阔的东西是海洋，比海洋更宽阔的是天空，比天空更宽阔的是人的胸怀。”让我们都来做一个具有大度能容、和以处众的人吧！

有人说：“那就用恩德来回报怨恨吧。”

以德报怨，就是用恩德来回报怨恨。就像《圣经》上所说的：“你在我左脸打了一记耳光，我不仅不还手，反而再送上右脸让你打一记耳光。”

其实，孔圣人并不赞成这样的做法。他主张“以直报怨，以德报德”，就是要用正直的行为去回报别人的怨恨，用恩德去回报别人的恩德。当然，孔子也并不主张以怨报怨。你不仁，我就不义；你打我一拳，我就踢你一脚。正所谓“冤冤相报何时了？”无休无止地斗下去，那也就没有什么意思了。

在现实生活中，当我们与人交往的时候，难免会遇到些摩擦与不快。每当这个时候，我们面对问题的态度，就往往体现了一个人的度量和心胸：心胸豁达的人，选择用一颗宽容之心来包容一切，因而他就会“聚众朋”；心胸狭窄的人，选择斤斤计较，那他就会“失众友”。

有一位老禅师，一天晚上在禅院里散步，发现墙角有一张椅子。

禅师心想：这一定是有人不遵守寺规，越墙出去游玩了。老禅师便搬开椅子，蹲在原处观察。一会儿，果然有一个小和尚翻墙而入，在黑暗中踩着老师的背脊跑进了院子。

当他双脚落地的时候，才发觉刚才踏的不是椅子，而是自己的老师，小和尚顿时惊慌失措。但出乎意料的是，老和尚并没有厉声责备他，只是以平静的语调说：“夜深太凉，快去多穿件衣服。”

小和尚感激涕零，回去后告诉其他的师兄弟。从此以后，再也没有人夜里越墙出去闲逛了。

海纳百川，有容乃大。宽容是人类性情的空间，这个空间愈广大，自己的性情愈有转折的余地，就愈加不会动肝火、闹情绪，愈加不会纠缠于无谓的小事。因此，一个宽容的人，到处可以契机应缘，和谐圆满，微笑着对待人生。

宽容是什么？宽容并非是不分是非，不讲原则，一味盲目地姑息纵容，而是在面对一些无足挂齿的小事情时，能够非常潇洒地挥挥手，让不快随风而去。

纪伯伦曾经说过：“一个伟大的人有两颗心：一颗心流血，一颗心宽容。”一个道德修养高，并有着远大抱负的人，一定是一个胸襟

宽阔、懂得宽容的人。而那些没有宽宏大量的气度，凡事只知斤斤计较的人，很难成就大事。事实上，人心往往不是靠武力来征服的，而是靠宽容大度征服。

曹操就是一个不计私仇、宽以待人的人。

张绣曾是曹操的死敌，曹操的儿子、侄子都死在张绣的手中，但曹操觉得张绣很有军事才能，因此在官渡之战前，和他重归于好。

陈琳曾为袁绍写檄文痛骂曹操，平定了河北以后，曹操虽然当面指责了陈琳，但并没有处置他，反而任用他为自己掌管文书的工作。

正因为曹操的宽容与不计前嫌，才使张绣和陈琳心悦诚服地诚心归顺。

因为宽容，无数的干戈瞬间都化为了片片的玉帛；因为宽容，一切的不愉快和仇恨都变得淡然如水。法国作家雨果曾说过："世界上最宽阔的是海洋，比海洋更宽阔的是天空，比天空更宽阔的是人的胸怀。"

当我们与人发生矛盾时，不妨用大海般的广阔胸怀包容一切；不妨做到"有容"、"无欲"；不妨"忍得一时怒，免得百日忧"；不妨"度尽劫波兄弟在，相逢一笑泯恩愁"。学会宽容，用宽容筑起爱的长城，用宽容撑起一方温暖的晴空，使一切仇恨的冰雪在这里融化。

宽容是一种豁达的风范，对于人生，也许只有拥有一颗宽容的心，才能面对自己的人生。

宽容也是一种幸福，我们饶恕别人，不但给了别人机会，也取得了别人的信任和尊敬，我们也能够与他人和睦相处。宽容，是一种看不见的幸福。

宽容更是一种财富，拥有宽容，是拥有一颗善良、真诚的心。这是易于拥有的一笔财富，它在时间推移中升值，它会把精神装化为物质，它是一盏绿灯，帮助我们在工作中通行，选择了宽容，其实便赢得了财富。

正所谓：退一步，海阔天空，忍一时，风平浪静。对与别人的过失，必要的指责无可厚非，但能以博大的胸怀去宽容别人，就会让世界变得更精彩，以宽容之心度他人之过，做世上精彩之人。

77 让自己的心态清爽起来

如果你留心一下我们周围的世界，会发现它突然间变得面目可憎起来：环境不再优雅，自然也很少让人觉得美丽，人口太多，资源匮乏，物价都飞似的增长，以致于必须倾尽所有精力、能力赚取维持生命的金钱，可是，竞争又太激烈了，机器也在藐视着人的生命……外界的压力让我们如此的疲惫，痛苦不堪。但是，如果你只是看到了世界的“丑陋”一面，就会陷于深深的迷惘之中。没错，现在的人要艰难地承受着来自四面八方的压力，也难有闲暇欣赏依旧存在的一点美好和温暖。

但是生命是用来享受而不是把每天都浪费在气愤和抱怨上的。

你应该觉察出，你对生活的不满才是导致被压力围攻的根本原因。你吹毛求疵，世界会变得一无是处，你欲望很高，世界会变得复杂繁琐。如果能让浮躁的心平静下来，以灿烂的笑容去面对身边的一切，就会为自己的拥有而开心，为得到而感到幸运，为能过自己喜欢

的生活而心满意足。

外界的压力让你像生活在缺氧的集装箱里，感到窒息难忍。先不要忙着抱怨箱子，以为是它夺走了你感受美好世界的权利。你要问问自己，又是哪一个把你装进去的呢？不是我不明白是这世界变化太快吗？不，改变的只是你自己，所有的压力和痛苦都是你身体里的那个欲望的小虫子造成的。

你以为自己必须要过上非一般人的生活才算得上是不枉此生，于是尽可能地搜集高档商品，把它们当宝贝似的呵护着。殊不知这些家伙却已经明目张胆地抢走了你的生活空间。

你以为自己今生今世一定要找到梦中出现的那个花园，于是试验遍了自己对工作的态度和耐心后发现自己一无所成。

你以为时间应该为你流逝，想快就快，想慢就停下来歇会儿，那才是自由，那才叫痛快。

你以为大自然都是美好的，资源都是取之不尽，用之不竭的，于是一边抱怨这块田地怎么会旱裂了，一边浪费着大把大把的水资源。

你以为所有的事情都已便捷到了用一个电脑都搞定，所以正在逐渐失去自理能力，每天早上眼巴巴地等着机器人端早餐过来……

平凡的生活看似简单却给你无限压力。在它的统治之下的那份无助和痛苦，与其说是天不遂人愿，不如说是作茧自缚。如此复杂的程序，只要其中某个环节有了点小差错，你的世界就会糟成一团。

美好生活，你所追求的美好，究竟藏身何处呢？

拨开重重迷雾，你搜寻着答案，生活微笑着告诉你：让你的心态清爽起来，让你的世界简单起来，一切都会变得美好。

在人群中试着绽放笑脸吧，你会看到，整个世界都会变得格外地亲切和灿烂！

78

控制自己的欲望

欲望是一个人成长发展的原始动力，所以说人不能没有一丁点的欲望，那样的人生过于枯燥单调。但是也不能让欲望无限制的膨胀，做人还是要有几分淡泊的心态，要不然，无边的欲望会让你痛苦不堪。

阿拉伯神话中，渔夫那贪婪的妻子，终于未能逃脱依旧贫穷的命运便是证明。现实中，我们许多人都过得不是很开心、很惬意，因为他们对环境总存有这样那样的不满，他们没有看到自己幸福的一面。也许你会说："我并非不满，我只是指出还存在的问题而已。"其实，当你认定别人的过错时，你的潜意识已经让你感到不满了，你的内心已不再平静了。

欲望本身并不可怕，重要的是怎么去控制它。逍遥旷达不是要求做到无欲，而是淡看各种名利之欲。淡看之后，则可生旷达，有了旷达之后，人生自然逍遥了。庄子说得好："我愿意活着，在沼泽里摇头摆尾，自由自在。"

东坡说，我之所以能每时每刻都很快乐，关键在不受物欲的主宰，而能游于物外。

人，一旦"游于物内"，而不"游于物外"，梦寐以求地沉浸在没有穷尽的"物"的占有欲，及其永无止境的膨胀的状态中，人都成了“物”的奴隶，那还有什么真正的人生乐趣呢？钱，可以使人不择手段；权，可以使人胆大妄为；名，可以使人变得虚伪，可以使人失去理智……在种种物欲的诱惑下，很多善男信女蜕变成了不法之徒，很多国家公务员沦为了阶下之囚。这“游于物内”，人为物所役，不仅会使人失去了人生的乐趣，还会失去最起码的良心和道德。

为人绝对不可动贪心。贪心一动，良知就自然泯灭；良知泯灭，就丧失了正邪观念；正气一失，其他就随意而变了。俗话说，吃人家的嘴软，拿人家的手短。生活中一些人抵不住“贪”字，灵智为之蒙蔽，刚正之气由此消除。在商品社会，许多人经不住贪私之诱，以身试法。“不贪”真应如利剑高悬才对，警世而又可以救人。

托尔斯泰说：“欲望越小，人生就越幸福。”一个人如果欲望太多，他就会变得越贪婪，一个永不知足的人是无法感受到幸福的。

人，饥而欲食，渴而欲饮，寒而欲衣，劳而欲息。幸福与人的基本生存需要是不可分离的。人们在现实中感受或意识到的幸福，通常表现为自身需要的满足状态。人的生存和发展的需要得到了满足，便会产生内在的幸福感。幸福感是一种心满意足的状态，植根于人的需求对象的土壤里。

然而，很多人都是希望自己拥有的再多一些，从来没有满足的时候。民间流传着一首《十不足诗》：

终日奔忙为了饥，
才得饱食又思衣，
冬穿绫罗夏穿纱，
堂前缺少美貌妻，
娶下三妻并四妾，
又怕无官受人欺，

四品三品嫌官小，

又想面南做皇帝，

一朝登了金銮殿，

却慕神仙下象棋，

洞宾与他把棋下，

又问哪有上天梯，

若非此人大限到，

上到九天还嫌低。

这首诗对那些贪心不足者的恶性发展写得淋漓尽致。物欲太盛造成的灵魂变态就是永不知足，没有家产想家产，有了家产想当官，当了小官想大官，当了大官想成仙……精神上永无宁静，永无快乐。

在陕西南部山区有一位还未脱贫的农民，他常年住的是漆黑的窑洞，顿顿吃的是玉米、土豆，家里最值钱的东西就是一个盛面的柜子。可他整天无忧无虑，早上唱着山歌去干活，太阳落山又唱着山歌走回家。别人都不明白，他整天乐什么呢？

他说：“我渴了有水喝，饿了有饭吃，夏天住在窑洞里不用电扇，冬天热乎乎的炕头胜过暖气，日子过得美极了！”

这位农民物质上并不富裕，但他能自得其乐而由衷地感到幸福。这是因为他没有太多的欲望，从不为自己欠缺的东西而苦恼的缘故。与这个农民相反的是一个卖服装的商人。

这个商人有很多钱，但他却终日愁眉不展，睡不好觉。细心的妻子对丈夫的郁闷看在眼里，急在心上，她不忍丈夫这样被烦恼折磨，就建议他去找心理医生看看，于是他前往医院去看心理医生。

医生见他双眼布满血丝，便问他：“怎么了，是不是受失眠所苦？”服装商人说：“是呀，真叫人痛苦不堪。”心理医生开导他

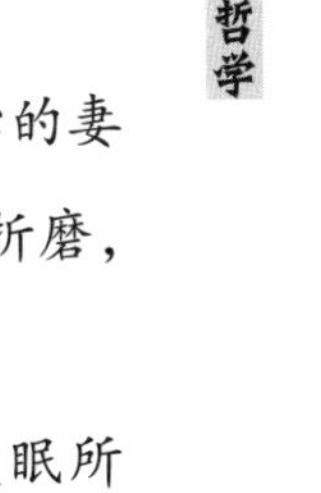

说："别急，这不是什么大毛病！你回去后如果睡不着就数数绵羊吧！"服装商人道谢后离去了。

一个星期之后，他又出现在心理医生的诊室里。他双眼又红又肿，精神更加颓丧了，心理医生复诊时非常吃惊地说："你是照我的话去做的吗？"服装商人委屈地回答说："当然是啊！还数到三万多头呢！"心理医生又问："数了这么多，难道还没有一点睡意？"服装商人答："本来是困极了，但一想到三万多头绵羊有多少毛呀，不剪岂不可惜？"心理医生于是说："那剪完不就可以睡了？"服装商人叹了口气说："但头疼的问题又来了，这三万多头羊的羊毛所制成的毛衣，现在要去哪儿找买主呀？一想到这，我就睡不着了！"

这个服装商人就是生活中高压人群的真实写照，他们被种种欲望驱赶着跑来跑去，疲乏至极，每天睁开眼睛想到的是金钱，闭上眼睛又谋划着权力，日复一日，年复一年。这样的人怎么会享受到幸福呢？

有些欲望是自然而必要的，有些欲望是非自然而不必要的，前者包括面包和水，后者就是指权势欲和金钱欲等，人不可能抛弃名利，完全满足于清淡生活，但对那些不必要的欲望，至少应当有所节制。

一个人的欲望越多，他所受到的限制就越大，一个人的欲望越少，他就会越自由、越幸福。很多人总是把得失和名利看得太重，期望自己位高权大，期望能拥有万贯家财，在如此欲望的熏烤中往往备受折磨，轻者身心劳累，重者害人害己。

生活中，很多人拥有金钱，但却没有快乐，他们对金钱垂涎欲滴，整日挖空心思、千方百计想要得到它的人，恐怕永远也不会快乐而且身心劳累。

人，只有摆脱了外界的奴役，自己主宰自己，才可能永葆心灵的恬静和快乐。超于物外，把欲望控制在可以接受的范围之内，官大官小不系于心，有名无名也不在乎，穷富得失淡然处之，钱多钱少无所谓，这样不就无往而不乐了？

79 不要把地位当作人生价值的全部体现

初入社会，为了地位而去努力奋斗本是无可厚非，但也没有必要把地位问题看得太重。不可否认，人们的潜意识里总有着“大人物”与“小人物”的高下之分。但是“大人物”毕竟少而又少，而“小人物”就在你我身边。况且“大人物”也是从“小人物”不断地变大的，所以承认自己是小人物，承认自己地位低并没有什么可耻。

一个人，如果一定要崇尚什么的话，他应该崇尚的是智慧而不是地位。而获得智慧却并不需要先获得地位，有时候地位反而是体现价值的阻碍。

著名的古希腊寓言家伊索是一个奴隶，他相貌奇丑，但他从不小看自己，反而以自己的绝顶聪明赢得了自由之身。据说他的主人因为他的丑陋，不肯在一个官员面前承认他是自己的奴隶，说他与自己一点儿关系也没有。于是伊索就请那位官员作证，要主人解除自己的奴隶身份，因为他说他自己与他一点儿关系也没有。主人赏识他这样敏捷的才智，答应了他的要求，从此，伊索成了一个自由乡民，他为我们留下了伟大的《伊索寓言》，赢得了后人的极大尊敬。

相反，英国哲学家培根为了保住自己的地位而不惜反戈他从前的恩人，一连串的升迁使他终于爬到了大法官的高位。但是对于历史来说，他的价值却只体现在他被迫隐居的几年里所写作和编定的那些不朽的著作上。我们今天所知道和敬佩的是哲学家培根，并不是大法官培根。他自己也感叹过，后悔没有及早退出官场，来做那份了不起的工作。

地位是一个人某种能力或权力的体现，却不是其人生价值的全部体现。处于高位者有处于高位的难处，而处于低位的往往具有处于高位者所不具备的大境界。

一个人无论地位高低，都要能清醒地认识自己。地位高的人容易认为自己很了不起，其实未必；地位低的人容易自暴自弃，其实不必。虽然我们不能说人的价值与社会地位毫无关系，但如果把个人的价值完全与社会地位联系在一起，只知道从社会地位中去寻找个人价值，毫无疑问也是错误的。

80 帮助别人就是帮助你自己

冷漠自私的心态会拉大人与人之间的距离，一个过分在意自己所有，无视他人困苦的人，终究会被他人抛弃。所以，一个正直而优秀的人都会给自己一个这样的做人准则：乐于助人，做一个有热心有良知的人。

一个寒冷的夜晚，一个简陋的旅店来了一对上了年纪的老夫妻。不巧的是，这间小旅店早就住满了人。

“这已是我们寻找的第4家旅社了，这鬼天气，到处客满，我们怎么办呢？”这对老夫妻望着阴冷的夜晚发愁。

店里的小伙计不忍心让这对老年客人受冻，便建议说：“如果你们不嫌弃的话，今晚就睡在我的床铺上吧，我自己打烊时在店堂打个地铺。”

老年夫妻非常感激。第二天他们要按照旅店住宿价格付客房费，小伙计坚决地拒绝了。临走时，老年夫妻开玩笑地说：“如果你经营旅店，你可以当上一家五星级酒店的总经理。”

“是吗？真希望是那样，我也想多挣一点，让家人过得舒舒服服的！”小伙计随口应和地哈哈一笑。

没想到，两年后的一天，这个小伙计收到一封寄自纽约的来信，信中夹有一张往返纽约的双程机票，信中邀请他去拜访当年那对睡他床铺的老夫妻。

小伙计来到繁华的大都市纽约，老年夫妻把小伙计带到大街上，指着那儿的一幢摩天大楼说：“这是一座专门为你兴建的五星级宾馆，现在我正式邀请你来当总经理。”

小伙子因为一次举手之劳的助人行为，使自己美梦成真。这就是著名的奥斯多利亚大饭店的总经理乔治·波菲特和他的恩人威廉先生一家的真实故事。

这个小伙计给了老年夫妻一次热情的帮助，而他得到的回报是一家五星级酒店。很多时候帮助别人就是在帮助自己，乐于助人的人会得到厚报，而冷漠自私的人只会伤害到自己。

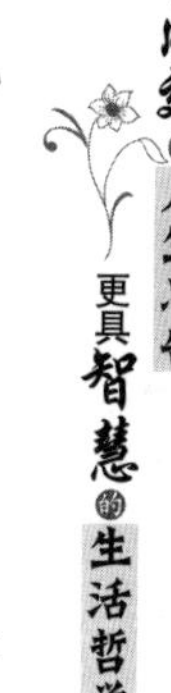

生活中，一些人冷漠自私，在他们固有的思维模式中，认为要帮助别人自己就要有所牺牲，所以事不关己何必为别人费心呢？其实别人得到的并非是你自己失去的，帮助别人就是在帮助你自己。下面这个小故事就可以很好地说明这一点：

瑞士的一个小渔村里，有一个叫罗吉的少年，他是一个热心的小伙子，非常乐于助人，他以自己的经历，再次向人们证明了：帮助别人其实就是在帮助自己。

那是一个漆黑的夜晚，巨浪击翻了一艘渔船，船员们的性命危在旦夕。他们发出了求救信号，而救援队的队长正巧在岸边，听见了警报声，便紧急召集救援队员，立即乘着救援艇冲入海浪中。

当时，忧心忡忡的村民们全部聚集在海边祷告，每个人都举着一盏提灯，以便照亮救援队返家的路。

两个小时之后，救援艇冲破了浓雾，向岸边驶来，村民们喜出望外，欢声雷动，当他们精疲力竭地跑到海滩时，却听见队长说："因为救援艇的容量有限，无法搭载所有遇难的人，无奈只得留下其中的一个人。"

原本欢欣鼓舞的人们，听见还有人危在旦夕，顿时都安静了下来，所有人的情绪再次陷入慌乱与不安中。

这时，来不及停下喘息的队长立即开始组织另一队自愿救援者，准备前去搭救那个最后留下来的人。

17岁的罗吉立即上前报名，然而，他的母亲听到时，连忙抓住他的手，阻止说："罗吉，你不要去啊！10年前，你的父亲在海难中丧生，而3个星期前，你的哥哥约翰出海，到现在也音讯全无啊！孩子，你现在是我唯一依靠，千万不要去！"

看着母亲，罗吉心头一酸，却仍然强忍着心疼，坚定地对母亲说："妈妈，我必须去，如果每个人都说‘我不能去，让别人去吧’，那情况将会怎么样呢？妈妈，您就让我去吧，这是我的责任，只要还有人需要帮助，我们就应当竭尽全力地救助他。"

罗吉紧紧地拥吻了一下母亲，然后义无反顾地登上了救援艇，和其他救援队员一起冲入无边无际的黑暗中。

一小时过去了，虽然只有一个小时，但是对忧心忡忡的罗吉母亲来说，却是无比漫长的煎熬。终于，救援艇冲破了层层迷雾，出现在人们的视野中，大家还看见罗吉站在船头，朝着岸边眺望，众人不禁向罗吉高喊："罗吉，你们找到留下来的那个人了吗？"

远远的，罗吉开心地朝人群挥着手，大声喊道："我们找到他了，他就是我的哥哥约翰啊！"

罗吉不顾母亲的劝阻，坚持去救援，令人倍感温馨的是，他救回来的竟是自己的哥哥！他的乐于助人使他得到了意想不到的回报。现实生活中，有一些冷漠自私的人，他们不愿为别人着想，不愿帮助别人，结果，他们就像一个孤岛一样，没有朋友，当他们出了问题，也很少有人愿意帮助他们！

生活就像山谷回声，你付出什么，就得到什么，耕种什么，就收获什么。你帮助的人越多，得到的就越多。因此，如果你有能力帮助别人的话，请千万别选择冷漠，无论发生什么，请选择做个好人。

81 别做虚荣的奴隶，盲目攀比更要不得

有人为了虚荣不惜“打肿脸充胖子”，虽然外面看上去很“光彩”，其实是死撑面子活受罪，但自己的生活一不小心就会被彻底毁掉。

莫泊桑有一篇关于虚荣心的小说《项链》，女主人公玛蒂尔德和丈夫结婚后，总是幻想自己家里富丽堂皇，摆满了银器，生活优越奢华。虽然丈夫对她百般呵护，疼爱有加，她仍然不能满足于现状。她渴望步入上流社会结交权贵，成为人人羡慕的贵妇。一次偶然的机会，丈夫为她弄到一张舞会的票，由于舞会上有达官显贵的出现，她高兴至极，用家里的积蓄为自己精心订做了一套晚礼服。可是，却没与之相配的首饰珠宝，她只好去找朋友借，朋友倒是非常客气，让她在自己的首饰盒里随便挑，她选中了一串翡翠项链，舞会那天的晚上，她光彩照人，跳了个尽兴。回到家之后，她依然不能忘记自己在舞会上受人追捧的情景，她想要在镜子面前仔细欣赏一下自己迷人的风采，却发现项链不知在什么时候丢了。她吓得魂飞魄散，和丈夫一起找遍了大街小巷仍然一无所获，最后在一家珠宝商人那里看到了和那串项链一模一样的项链，价格却高的吓人。但是为了还朋友的项链，她只好以借贷的形式买下了那串项链。为此，她付出了十年的青春让丈夫和她一起还那串项链的借款。十年之后，当她再一次和朋友相见时，朋友怎么都认不出她了，因为她看上去比实际年龄老了很多，衣服也穿的破烂不堪，手上的皮肤干涩而粗糙。十年的苦难她其实没有必要去受，虚荣毁了她，让她为那条项链付出了昂贵的代价。

现实中，类似的例子还有很多，许多人因为图一时之虚荣而遭受百般之罪，并且有苦说不出，打掉牙往肚子里咽。

人其实没有必要活得那么累，每个人都有自己的人生路。假如人人都让这种虚荣心左右，那么还有什么个性可言，世界会少了多少色彩。如果为了满足自己的虚荣心去出卖自己的灵魂，岂不悲惨？你就是你，我就是我，这个世界比你强的人有很多，比你差的也同样不少，用心活出一个个性的自我，就是你自身的价值所在。没有必要去为虚荣卖命，因为它会引导你走入歧途，甚至毁了你。

这不是危言耸听。因为虚荣而攀比，因为攀比而误入歧途，这样的例子经常发生在初入社会的年轻人身上。

2004年，许佳考取了北京一所名牌大学的经济管理系。

许佳刚进大学的那些日子，想着家里的经济困窘、父母的操心劳累，只顾埋头学习，一心想用优异的学习成绩来报答父母。她成了全系几百名同学中的佼佼者，还获得了为数不多的一笔奖学金。然而，由于虚荣心的滋长，当她穿着简朴的衣服出现在那些时髦、阔气的同学面前时，却感到自惭形秽。

同宿舍里有个叫李杰的女孩，思想很开放，常常对她说，你这么漂亮，应该趁着年轻赶快捞钱。李杰一般下午下课后就出去，很晚才回来，周末还不回来。每次她回来总会买许多零食给大家。

李杰有一次对她说："你需要钱吗？学坏呀！你没听说女人一变坏就有钱吗？其实女孩挣钱是很容易的，傍大款，既潇潇洒洒地享受

了，又没耽误挣钱。”

她知道李杰不是开玩笑，可那些话在她听来还是非常刺耳。

这一年的暑假，许佳没有回家乡去，而是按照李杰的介绍到海淀区的一家歌舞厅去打工。她从客人们的眼中真正体会到了女孩子漂亮的价值。简直不费吹灰之力，钱就挣到手了。她开始“出卖”自己。那些所谓的廉耻和贞操，在金钱的面前是那样苍白无力和不堪一击。

她第一次从一个有钱的50多岁的老头儿那里挣了一笔钱。

从此以后，许佳穿名牌、拿手机，以满足自己的虚荣。

2005年10月，许佳在一家夜总会认识了一个年近40岁、个子不高、相貌平平的北京男子。翻云覆雨之后，这位名叫朱森的老板塞给她2000元小费。朱森是北京某家洁具厂的副厂长，在上海负责一家销售公司。

从此，两人俨然一对热恋中的情人，出双入对，形影不离。

2006年初，朱森因为股票上被“套牢”，资金周转困难，找她借2万元钱。她没有任何犹豫就给他了，也没有让他写借条。

事后不久，朱森的妻子带着8岁的孩子从上海到北京。

这对整天想着和他结婚过踏实日子的许佳来说简直是五雷轰顶。

朱森到这时终于露出了他的狰狞面目，一脸无赖地说：“我就是图个玩女人不花钱！”许佳威胁要去告他。他反问：“事情如果败露了，看你怎么做人。”她没了办法，央求他归还2万元钱。那个禽兽不如的家伙居然没有人性地说：“钱？谁能证明我向你借钱了？”

许佳万般无奈，向一个常到夜总会来玩、自称是黑道老大的何鸣说了。何鸣是个彻头彻尾的恶棍。听了以后，声称一定要为她讨回公道。于是，两人商量了一个计划，敲诈朱森10万元钱。

2006年3月16日晚上，许佳在电话里使尽媚术，骗朱森出来过夜。她在饭店的洗手间里给何鸣打了手机。20分钟之后，他带了3个小流氓破门而入……朱森拿出了3万多元钱。然而许佳付出的代价也是惨重的。从那天起，何鸣让她必须随叫随到，还分文不付。

3个月后，许佳因卖淫和涉嫌敲诈勒索罪被逮捕了。

许佳因为与人盲目攀比而身心堕落，直致落入法网，让多少人为之摇头叹息？一个正值青春妙龄的女大学生，如果不是虚荣，不与别人盲目攀比，怎么会毁了自己的一生？

归根到底，虚荣确实是一件很可悲的事，为了所谓的“面子”出卖自己，更是不值！对一个年轻人来说，以后还有很多辉煌等着你去创造，眼下最重要的是走好自己的路，实在没有必要为了虚荣而与人攀比。

82 不要让嫉妒腐蚀你的灵魂

嫉妒是人类的天性。你或许会无缘无故地对结交多年的好友或是素不相识的人产生这种情况。仅仅是因为，朋友说了一句自夸的话和那个陌生人手臂上挎着的是你心仪已久的手袋。如果不及时化解掉嫉妒带给你的心理障碍的话，总有一天你的生活会深受其害。

古往今来，嫉妒这个东西一直游荡在人们的生活中。无德行的人嫉妒有德行之人；才疏学浅的人嫉妒有才能的人；庸才嫉妒人才。“木秀于林，风必摧之；堆出于岸，流必湍之；行高于人，众必非之；事修而谤兴，德高而毁来。”有嫉妒心的人惯于“暗箭伤人”，讽刺、挖苦、造谣中伤、诽谤诋毁，攻击别人不择手段。

嫉妒是一株有毒的植物。一个人如果被嫉妒的情绪占据心灵，他就会变得心胸狭窄、视野盲目、举止乖张，似乎对世界有无尽的要求和不满。但嫉妒者也会以损人开始，以害己告终。克服嫉妒的最好办法，就是提升自己的德行，不是想尽办法使比自己高的人让他跌下来，而是自己站到高处去。

日常生活、工作中的嫉妒是无时不有、无处不在的。一般的人看到别人在某些方面强于自己，会产生不平衡、不舒服的心态；如果性格极端的，就会心生嫉妒。再遇到一些不顺利的事情，那就不仅仅是妒忌了，简直要变成仇恨！于是，有些人用尽手段去摧毁自己心生羡慕却得不到的人和物，并为此付出昂贵的代价，以不正当的手段去打击别人，自己也同样受害匪浅。

嫉妒者因视朋友为路人、同学为对手，把宝贵的时间和精力耗费在算计、诽谤别人的行动中和因嫉妒他人而陷入烦恼和恐慌之中。嫉妒者由于长期处于压抑、自扰的状态，导致神经系统的功能紊乱，心理变态，甚至精神失常。正如巴尔扎克所说：“嫉妒者比任何不幸的人更加痛苦，因为别人的幸福和自己的不幸将使他痛苦万分。”

因此，嫉妒能腐蚀人原本纯净的灵魂，毒化人的精神世界，扼杀人的进取精神，是一种卑劣低下的情绪。嫉妒严重影响人的身心健康发展。

某单位小王，看到同事小容参加单位组织的出国学习的考试资格，不禁嫉妒心起，向小容的丈夫多次写匿名信，诽谤她在外乱搞男女关系，致使小容的丈夫对其毒打摧残，并提出离婚。后来，当小王又听到上级领导派人考察，意欲提拔小容做副局长时，又迫不及待地向党组织写诬告信。当事情水落石出之后，小王终因犯有诬陷罪而被相关部门严处。

所以，对于你已有的妒忌心要学会驱散化解，要正确认识他人的成绩，正确地评价他人，看待自我，抵制自卑情绪，克制和避免妒忌心的形成。

嫉妒犹如一种毒素，对人们的身心危害极大，那么，我们如何克服这种心理呢！

①克服攀比心理

嫉妒心容易产生于同地位之间，例如同学间成绩的比较，同行间的业绩比较等，这种不服输、不甘落后是产生嫉妒心理的重要因素，自觉克制事事与人攀比的习惯。

②承认自己的弱点

不停地指责别人是毫无意义的。你要正视他人的成绩和自己的弱点，努力弥补它。

③约束自己的行为

如果你必须表现出嫉妒，那就短暂地嫉妒一会儿吧，20分钟就可以了。要学会克制自己。

④升华人生目标

培根说过："其实每一个埋头沉入自己事业的人，没有工夫去嫉妒别的人。因为嫉妒是一种四处游荡的情欲，能享有它的只能是闲人。"人生最要紧的是选准自己前进的目标，并坚持不懈地努力奋斗去实现目标。拥有崇高生活目的的人，能够自觉抑制嫉妒心理。

⑤想象没有嫉妒的生活

嫉妒能解决一切问题吗？你的嫉妒成为忧虑的焦点，引发了其他

潜在的问题吗？比如使你名誉受损或健康受损等。

嫉妒别人是让自己痛苦的事。如果你承认自己是渺小、微不足道的，如果你承认别人比你强，比你更有资格享受人生，你就去嫉妒吧！那样只会让人家得到名誉和成绩，自己则变成了历史憎恶的小人。所以，要学会赞美别人，让他成为你人生的楷模吧！

83 勤俭与吝啬无关

有人认为，富豪的生活，应该每日都是山珍海味，穿的都是名牌衣服，出入都是最名贵的轿车。还有人认为，富豪们有的是钱，他们的钱用之不尽，一定会一掷千金、穷奢极侈。甚至有人编幽默小段说：“等咱有了钱，豆浆买两碗，喝一碗，倒一碗；名车买两部，开一部，拉一部……”这当然是一种调侃，可以说几乎所有的富豪都不会这样。几乎所有的富豪都是在勤俭与节约、刻苦与拼搏中诞生的。华人首富李嘉诚先生就是一个典型的例子。

理论上，一位世界级的富豪，用钱根本就无须理会，只要是个人喜好，又何妨日掷万金、挥金如土？

但当你了解到李嘉诚先生对钱财的观念时，你会惊讶，一位世界巨富之一的人物，竟然会对钱财有如此简朴的观念，有如此朴实的看法。

他说："一个人应以仁德为主，该节俭时要节俭，该用的时候要用。""钱可以用，但不可以浪费。"

李嘉诚先生捐款作办学用途，作公益慈善用途，有时是以十亿元作为单位计算的。捐赠这些钱财的时候，他毫不吝啬。因为他认为这是把钱用在该用的地方。但对个人的享乐，李嘉诚先生却像一个普通市民一样，自奉甚俭，不会浪费。在衣着、居住、食用、交通等方面，李嘉诚先生都不爱出风头、讲排场。

而有些暴发户，财大气粗，喜欢挥金如土，恨不得让全世界都知道他多有钱。似乎唯有这样，他们才觉得自己很威风，才是他们的生存价值所在。但老实说，他们这样出尽风头，要人人见到他们时都打躬作揖，其实内心世界可能是极其空虚的。一个内心世界极其空虚的人，才需要以财富炫耀自己，才需要挥金如土，使其他人侧目，用钱去麻醉自己，用钱去填补个人的空虚和寂寞。

而一个在心灵上已经得到满足，知道自己的所作所为都有利于国家民族、有益于社会公益的人，即使是大富，也无须再以财富作为个人炫耀的资本。他知道钱可以满足个人的私欲，但他更清楚地了解到，如果这些钱能够用于对世界、国家、民族、社会有用途的地方，比用作个人享乐、满足自己的私欲更加有用，更加有意义。抱有这样的思想，又何须挥霍钱财，炫耀自己呢？

钱只是一种工具，可以满足个人某种程度上的欲望，也可以为社会带来更大的利益。钱并不是最终目的。我们追求财富，其实是追求成就感。但当我们追求到财富之后，我们也应该学习李嘉诚先生，善用这些资源财富，为国家、为社会做一点事，尽一点力，使其他人也生活得更如意，使社会上不开心的事得以减少，使国家更繁荣、更安定。这样，岂不是自己也生活得更加快乐开心？

84 没有计划就没有效率

很多年轻人身上都有一个共同的毛病：做事没有计划性，东一榔头西一棒槌，生活中没有秩序和步骤。看着他们一天到晚忙忙碌碌，其实是瞎忙，没有什么效率可言。

遍布全美的都市服务公司创始人亨利·林赫提说过，人有两种能力是千金难求的无价之玉——一是思考能力，二是分清事情的轻重缓急，并妥当处理的能力。

可见分清轻重缓急有计划有步骤地做事对于快速而高效地解决问题是非常重要的。

白手起家的查理·鲁克曼经过12年的努力后，被提升为派索公司总裁一职，年薪10万美元，另有上百万其他收入。他把成功归功于林赫提谈到的两种能力。鲁克曼说："就记忆所及，我每天早晨5点起床，因为这一时刻我的思考力最好。我计划当天要做的事，并按事情的轻重缓急做好安排。"

全美最成功的保险推销员之一弗兰克·贝特格，每天早晨还不到5点钟，便把当天要做的事安排好了——是在前一天晚上预备的——他定下每天要做的保险数额，如果没有完成，便加到第二天的数额里，以后依此推算。

你相信吗？没有人能永远按照事情的轻重程度去做事。但按部就班地做事，总比想到什么就做什么要好得多。就连漂流到荒岛上的鲁宾逊也不忘每天定下一个作息表呢！

假使萧伯纳没有为自己定下严格的计划，保持每天写出5页稿纸的文字，他可能永远只是个银行出纳员。他度过了9年心碎的日子，9年总共才赚了30英镑稿费！由于他一直把写作当成最主要的事去做，终于成了世界著名的作家。

我国从新中国成立伊始就制定了五年计划，按照计划一步步地办事，才使我国经济一步一个台阶，稳步向前发展，人民生活水平逐步提高，综合国力逐渐提升。

不仅我国如此，日本、瑞典等国家都是按照一定程序有计划有步骤地办事。

一位美国商务部长曾苦着脸指出，无论什么时候他向日本首相建议改变日本的政策，都从来没有得到过期望得到的肯定答复。日本首相总是回答说：这一想法听上去很有趣，你应该向四位主要负责经济事务的内阁官员宣传你的建议。因此，有人认为，不能完全说日本人这样做是在兜圈子，但这表明，日本人的这种办事程序可以说是一种固有的几乎不可逾越的机制。

瑞士对家庭垃圾进行了严格的分类，李念培先生所著《瑞士》一书就具体列举了七类：普通生活垃圾、旧书报、废食用油、废机油、玻璃、旧干电池、旧塑料，后面还加了一个省略号，肯定还有不少。家庭垃圾除了严格分类外，就连丢放的地点也不同，有的每天按时放在附近的指定地点，有的每月按固定的时间放在附近的指定地点，有的还要麻烦你亲自送到比较远的指定地点。还有一些细节，如玻璃瓶要按白、棕、杂三类放进指定的回收设备中，如此等等。这对一家一户是有点麻烦，但实际上也是举手之劳，而对整个社会，对环境保护、资源节约则要方便得多，投入少得多。诸如此类的事情很多，因此，瑞士的规矩那么多，但没有多少人认为那里难办事。这个只有700万人口的小国，有近250个联合国专门机构、政府机构和非政府机构总部设在那里，数量仅次于美国纽约。可见，那些看来深奥、晦涩、琐碎、刻板的东西，如科学技术、法律法规、规章制度、理论学说、规矩惯例等，反而是办事的“法宝”。

做事有计划、有步骤表面看起来会浪费时间，但事实正好相反，比如开车上路，如果大家都遵守规则，虽然看起来缓慢，效率实则更高。有人觉得应该快一点，于是抢道、去加塞，结果呢？堵车。对于个人也是如此，有计划地做事绝对要比眉毛胡子一把抓快得多。

85 放弃是人生的大智慧

人一定要学会用你拥有的东西去换取对你来说更加重要的东西。所以说，放弃是一种智慧。

一个行囊，如果已经装的太满了，就会很沉，很重，很累。一个生命背负不了太多的行囊，不放弃旧的，就无法拿起新的。只有学会放弃那些本该放弃的包袱，我们才能轻装上阵，一路高歌；只有学会放弃，走出烦恼的困惑，生活才会倍感绚丽和富有朝气。

生活中，值得我们追求的东西很多。如果一味地纠缠在那些毫无结果的东西上，拼命地去追求那些本该放弃的东西上，而本该苦苦追求的却无暇顾及，到头来只能是竹篮打水一场空。如果说执著是一种精神，那么放弃则是一种勇气和境界。得不到的或不该得到的，就该果断放弃。匆匆的生命，有限的人生，不允许我们四面出击分散自己的时间与精力，以免在大好时光中忙忙碌碌而终无所成。

扔掉忧心的烦恼，忘记失败的沮丧，封藏痛苦的记忆，坚定地把许多的过去踩在脚下，留在身后，有利于我们轻装上阵。放弃也是一种选择，而且往往都是明智的选择。选择了瞬间的清醒，就等于选择了永恒的成长。

放弃是明智者的选择，选择是明智者对放弃的诠释。放弃是选择的跨越，学会了选择和放弃才拥有一份成熟。懂得放弃机会的胆识有时比得到机会更重要。

喜欢钓鱼的人可能都知道，要想钓到大鱼就必须用香甜可口的食物做鱼饵。人们要想在某些方面获得成功，就必须在其他方面有所牺牲。

人生难免会有空白和遗憾，成熟的人才懂得该放弃时则放弃。生活不是单纯的取与舍，不要斤斤计较失去的，有时得到的比失去的更可贵。幸福的人只记得一生中满足之处，不幸的人只记得相反的内容。选择一棵树而放弃森林，这是另一种珍惜。放弃是为了更好地选择得到，在扬弃中进行新一轮进取，给予不是三心二意。做出正确的取舍，才能把握命运。生活有时候会逼迫着你：不得不改换爱好，不得不撇开友情，甚至不得不抛下爱情……你不可能什么都得到，所以应该学会放弃。

学会放弃，你便可以使负重的人生得以暂时的休息，使整个身心

沉浸在一种轻松悠闲的宁静之中。学会放弃，你便可以以充沛的精力去做你最想做，最该做，最愿意做的事情。学会放弃，你便可以在一种无怨无悔和默默无闻的等待中使自己的心灵得到一份超脱、一份执著和自信。

放弃，不是自认失败，而是在寻找成功的契机。今天的放弃是为了明天的得到，凡是多余的、次要的、该放弃的都要放弃。放弃，使你为期待的目标失去了很多，有些甚至是很珍贵的；可你却不后悔，因为你知道：没有放弃，就不会有更牢固的拥有和获得。

学会放弃吧，在放弃中你才会击败错过，战胜自我，走进一个多彩而瑰丽的立体世界。有的时候，放弃一棵树，你会得到整个森林！放弃一滴水，你就拥有整个大海！放弃一片洼地，你就会占领一座高山！况且有些事情放弃了并不等于失去，当你放弃了对梦的追求，回归现实，你会发现那美好的一天正等待着你，并为你敞开了一扇通往未来的大门。

放弃，是一种境界，是自然界发展的一种必由之路。漫漫人生路，只有学会放弃，才能轻装前进，才能不断有新的收获。

86 唯有勤奋才是人生最珍贵的资本

毫无疑问，懒惰者是不能成大事的，因为懒惰的人总是贪图安逸，遇到一点风险就退缩。另外，这些人还缺乏辛勤实干的精神，总想吃天上掉下来的馅饼，从不相信勤奋有收获。勤奋是千百年来人们成才的法宝，也是中华民族的传统美德，俗话说天道酬勤。有一首歌唱得很好：不经历风雨，怎能见彩虹，没有人能随随便便成功。无论什么时候，勤奋都是一种值得社会称誉的美德。

一种勤奋、不怕艰苦、坚持到底的习惯，使我们无论做什么，都能在竞争中立于不败之地。因此对于想成就大事，想拥有更多财富的人来说，勤奋是最好的资金。要始终相信：勤奋是金，勤奋可以创造奇迹。

勤奋是一个人取得杰出成就所必需的前提，任何一种杰出成就都必然与好逸恶劳的懒惰品行无缘。正是辛勤的双手和大脑才使人出众，任何事业追求中的优秀成就都只能通过辛勤的实干才能取得。

我们从小就知道“勤能补拙”、“勤奋可以制造一切”，也知道无数个通过勤劳实干取得成功的事例。可是多数人并未从中受到启发，他们依然在工作中偷懒，依旧好逸恶劳，并为自己开脱：现在是新世纪新时代，勤奋已不再是人生成功的法宝了。

是的，如今这个时代的确与以往不同了，但并不是我们想象的那样——勤奋越来越不重要。而恰恰相反，随着竞争的愈演愈烈，勤奋变得越来越重要。

要想在这个人才辈出的时代走出一条完美的职业轨迹，唯有依靠勤奋的美德——认真地对待自己的工作，在工作中不断进取。

我们总是抱怨自己命运不济，其实机会对每个人都是均等的。我们如果对实际生活有所了解，就可以发现，幸运通常伴随于那些努力勤奋工作的人身边，就像海风和海浪总是伴随在航行者的身边一样。

理查德·科布是一位农民的儿子，他出身贫寒，年纪很小时就被送往伦敦，在一个工厂的仓库做童工。他是个非常勤奋、行为规矩的孩子，渴望学习更多的知识。他的老板是个非常刻薄的人，多次警告他别读太多的书。但他不听，还是继续坚持学习，并把从书本中获得的知识印在脑海里。后来，他做了一名印花布漆工，从此开始了他的商业生涯。

他对大众教育很感兴趣，几乎把自己所有的财富和毕生精力都投了进去。他经常去一些公众场合做演讲，他具有非凡的毅力、实干精神和充沛的精力，凭借着坚持不懈的努力和实践，成为公共演说家中最具说服力和震撼力的人物之一。法国大使德鲁阿·德·鲁斯先生曾评论科布，认为他是那些出身社会最底层的人的榜样，他依靠自己的努力和勤奋而成为受人尊敬的人。

勤奋是千百年来人们成才的法宝，也是中华民族的传统美德，天道酬勤。有一首歌唱得很好："不经历风雨，怎能见彩虹，没有人能随随便便成功。"无论什么时候，勤奋都是人这辈子最珍贵的资本。

87 清除自负的病态心理

过了 18 岁就步入成年人的行列，有充足的自信是必要的。但一定要小心自信过了头就成了可怕的自负。自信与自负的区别就在于，自信是对自己的一种基于现实的自我肯定、自我激励，而自负就是明显的脱离实际。

自负性格的人往往把自己看得很牛，在他们的视野内，没有可以与自己相提并论的人，他们中的很多人确实是有才华、有能力，但是他们固步自封，最终导致失败的命运。恃才傲物、刚愎自用是他们的显著特征，他们自恃甚高，听不见别人的意见，最后难免出现悲剧性的结局。

《三国演义》中的关羽，一生战功赫赫，智勇盖世，过五关斩六将，屡战屡胜，所向无敌。由于缺乏沉静，这些优点也导致了他自负性格的产生。“大意失荆州”的故事大家都很熟悉，正是关羽自负自大性格的表现。他忘乎所以，目中无人，不可避免地导致了悲剧的命运。

项羽也是这种性格的人物，他虽英勇善战，但却有勇无谋。因为自负使得他在鸿门宴上失掉了杀刘邦的机会，关键时刻失掉了谋臣，最后时刻放弃了生命。

的确在现实生活中，这样的人为数不少，他们往往夜郎自大、目空一切，自以为很了不起，从不抬起眼皮看人，对别人吹毛求疵、冷嘲热讽、嗤之以鼻，觉得别人什么都不如自己。一般来说表现情形如下：

当有人褒扬他人的知识才干时，就会嗤之以鼻，认为只有自己才有资格受此殊荣。于是乎，或者是大言不惭地吹嘘自己的知识才干，他人不过如此，与自己不可同日而语；或者是千方百计地贬低他人，把他人说得一钱不值，一无是处，以显示自己才是鸟中凤凰。

当议论、研讨某个问题时，往往习惯于将自己的意志强加到别人头上，以自己的态度作为别人态度的“向导”。觉得人家的建议都很幼稚，只有自己的才是最好的，甚至不察他人之言、观他人之色，而高谈阔论、大放厥词，丝毫不给人留一点情面而有所收敛，对于别人的不同看法和观点也是不屑一顾，一副容不得他人多嘴的架势。

在与他人交往时，习惯于表现出自己与众不同的优越感，以慑服众人，从而可以盛气凌人、逞性妄为，显得不可一世、唯我独尊。

陈冬是一个精明能干的职员，他学识渊博，工作经验丰富，是个不可多得的人才。但与此同时，他却常常恃才自傲，动辄与他人发生纠纷，而且极爱炫耀自己，同事们对他极为反感，认为他自以为是，过于固执。

有一次，公司调来了一位新主管。在新主管主持的首次会议上，他将一个项目的主要负责工作交给了另一位员工，而陈冬被分派到的只是一些无关紧要的次要工作。陈冬认为像自己这样才华横溢的人得不到重用简直是莫名其妙，竟然和主管吵了起来，言语咄咄逼人。

可想而知，因为恃才傲物，不服管理，陈冬不久就被公司解雇了。

自负的人因其言辞过于张扬犀利、态度过于张狂无礼，总是更容易受到众人的排挤，不为人喜欢，不受人欢迎，不愿有人与之进行合作。追究自负产生的原因，最主要的是由于缺乏率直的心胸，所以很容易自以为是，看不到人外有人、天外有天，眼界也由此变得很狭窄。

自负者可能有一点小才，但他井蛙窥天般的狭窄视线会使他忽视不断进取的重要性，也使得他无法领会“不进则退”的内涵，逐渐变得无知，然后因无知而变得愚蠢，又因愚蠢而变得更加自负，逐渐在一个恶性的循环中来回往复，最终贻误了自己。

说了这么多，最终的目的就是要告诉大家，自信是成功的助燃剂，自负是成功的刽子手，自信与自负只有一墙之隔，好自为之。

88 一个成熟的人要学会负起自己的责任

有没有责任感是衡量一个人是否成熟的重要标志，有了责任感你就会踏实地做事，反之就只能是为了应付一件事而去做事，而这两种不同的做事方法会直接导致你成功或失败。

多问自己“我做得怎么样”，这就是一种责任心。

有一个替人割草打工的男孩打电话给布朗太太说：“您需要割草吗？”

布朗太太回答说：“不需要了，我已经有了割草工。”

男孩又问："我会帮您拔掉草丛中的杂草。"

布朗太太回答："我的割草工已经做了。"

男孩还是说："我会帮您把草与走道的四周割齐。"

布朗太太说："我请的那人也已做了，谢谢你，我不需要新的割草工人。"

男孩便挂了电话，此时男孩的伙伴问他说："你不是就在布朗太太那儿割草打工吗？为什么还要打这个电话？"

男孩说："我只是想知道我究竟做得好不好！"

我们每一个人无论在什么时候，无论做什么，都有义务、有责任去做好它。这必须是发自内心的责任感，而不是为了获得他人的赞赏。

星期天，一群小男孩在公园里做游戏，游戏的规则是这样的：他们在模拟一个军事活动。我们要知道，男孩对军队部署有着天然的兴趣。在这个部署中，有人扮演将军，有人扮演上校，也有人扮演普通的士兵。这个小男孩抽到了士兵的角色。

他要接受所有长官的命令，而且要按照命令丝毫不差地完成任务。

"现在，我命令你去那个堡垒旁边站岗，没有我的命令不准离开。"扮演上校的另一个男孩一边指着公园里的垃圾房，一边神气地对小男孩说道。

"是的，长官。"小男孩快速、清脆地答道。

接着，"长官"们离开现场。小男孩来到垃圾房旁边，立正，站岗。

时间一分一秒地过去了，小男孩的双腿开始发酸，双手开始无力，很显然已经进入疲劳状态。更要命的是，天色渐渐暗下来，却还不见"长官"来解除任务。

现在是什么时间？他不知道。

“长官”去了哪里？他也不知道，因为他不能离开岗位去寻找他的伙伴。

一个路人经过，看到正在站岗的小男孩，惊奇地问道：

“你一直站在这里干什么呢？你已经在这里站了两个多小时了。知道吗？下午进公园的时候我就看见你了。”

“我在站岗，没有长官的命令，我不能离开。”小男孩答道。

“你，站岗？”路人哈哈大笑起来，“这只是游戏而已，干吗当真呢？”

“不，我是一名士兵，要遵守长官的命令。”小男孩答道。

“可是，你的小伙伴们可能已经回到家里，不会有人来下命令了，你还是回家吧。”路人劝道。

“不行，这是我的任务，是我该负的责任，要是没有完成的话，以后他们就不让我参加军事演习了。我不能离开。”小男孩坚定地回答。

路人拿这位倔强的小家伙没有办法，他摇了摇头，准备离开。

小男孩开始觉得事情有一些不对劲：也许小伙伴们真的回家了。于是，他向路人求助道：“其实，我很想知道我的长官现在在哪里。你能不能帮我找到他们，让他们来给我解除任务。”

路人答应了。过了一会儿，他带来了一个不太好的消息：公园里没有一个小孩子。更糟糕的是，再过10分钟这里就要关门了。

小男孩开始着急了。他很想离开，但是没有得到离开的准许。难道他要在公园里一直呆到天亮吗？

事情并没有想象中那么糟糕。正在这时，一位军官走了过来，他了解完情况后，脱去身上的大衣，亮出自己的军装和军衔。接着，他以上校的身份郑重地向小男孩下命令，让他结束任务，离开岗位。

军官对小男孩的执行态度十分赞赏。回到家后，他告诉自己的太太："这个孩子长大以后一定是名出色的军人。他对工作岗位的责任意识让我震惊。"

军官的话一点没错。后来，小男孩果然成为一个赫赫有名的军队领袖——布莱德雷将军。

在上面这个故事中，我们可以看出，哪怕是在游戏之中，小男孩也尽职尽责地履行自己的责任。

责任心使得人们能时刻表现出一种令人信任的气质，随时随地都让人感觉到这是一个优秀的人。

责任感是人走向社会的关键品质，是一个人在社会上立足的重要资本。在工作中，一个敢于负责任的人一定会得到同事的信赖，更会赢得老板的重用。而一个不负责任的人，只会砸了自己的饭碗，不会取得任何成就。

在比尔·盖茨的公司里，目前已有两万多名员工，人数虽多，每一个人都肩负着一定的责任。对此，比尔·盖茨说："让员工感到自己的责任，他们才能高效率地工作，推进工作的进展速度。"

责任感是简单而无价的。据说美国前总统杜鲁门的桌子上摆着一个牌子，上面写着：Bookofstophere.（问题到此为止。）如果在工作中对待每一件事都是"Bookofstophere"，可以肯定地说，这样的公司将让所有人为之震惊，这样的员工将赢得足够的尊敬和荣誉。

巴顿将军指出，在作战中每个人都应付出，要到最需要你的地方去，做你必须做的事，而不能忘记自己的责任。切记，千万不要利用自己的功绩或手中的权力来掩饰错误，从而忘却自己应承担的责任。

正确的做法是，承认它们，解释它们，并为它们道歉，最重要的是利用它们，要让人们看到你如何承担责任和如何从错误中吸取教训，这不仅仅是一种对待工作的态度，而且也会使同事和老板对你更欣赏和信赖。

负责任的人是成熟的人，他们能把握自己的行为，做自我的主宰。负责任的员工，他们不会为自己的失误寻找借口，能够全身心地投入工作，将工作负责到底。他们不会因老板不在而放松对自己的要求，他们总能自动自发地工作，尽善尽美是他们对工作的要求。

初涉职场，由于年轻缺乏经验，做错事后怕上司或老板的责怪，怕同事的嘲笑，总是有推卸责任的习惯。这是非常不好的，它对自我的损害是极其严重的，因为它是以信任为代价的。由于不负责任而失去别人对你的信任，你职场生涯的发展之路将彻底断送。

有人说，假如你非常热爱工作，那你的生活就是天堂；假如你非常讨厌工作，那你的生活就是地狱。因为在你的生活当中，大部分的时间是和工作联系在一起的。你对工作的态度决定了你对人生的态度，你在工作中的表现决定了你在人生中的表现，你在工作中的成就决定了你人生中的成就。所以，如果你不愿意拿自己的人生开玩笑，那就在工作中勇敢地负起责任来吧。

89 关心他人，一定要出于自己的真诚

一个处处受欢迎的年轻人很重要的一项素质就是真诚地关心别人。我们有时会听到这样的评价：这个人做人真实在。不用问，他肯定是个乐于并无所保留地关心家人、朋友的人。关心、帮助别人是一种付出，但一个良好的个人形象正是在这种付出中树立起来的。有了这样一个形象，做什么事都要顺利得多。

我们做人做事要注意一点：关心他人，必须出于真诚。只有这样，别人才会注意你，喜欢你，帮助你，与你合作。

塞斯顿是著名的魔术大师，所到之处，观众如潮，掌声如雷。他难道真的懂得高人一筹的魔法吗？当然不是。有关魔术的书籍汗牛充栋，许多人懂得的比他还多。但是他有两件法宝是其他人所没有的。第一，他在舞台上善于展示自己的法宝。塞斯顿是个表演大师，深懂人性心理。他在舞台上的每个动作、手势、声音，甚至微笑，都事先小心地演练过，连时间都掌握得恰到好处。除此之外，塞斯顿最大的成功之处在于他关心“观众”。许多魔术师在面对观众的时候，常常有这样一种心理：“看啊，那里坐着的是一群笨蛋，一堆傻瓜。我轻轻松松地就能把他们唬得目瞪口呆！”但是塞斯顿却绝不这样。每次上台之前他都对自己说：“我很感谢这些人来看我表演。是他们使我的演出如此轰动，我要尽量把绝活使出来让大家观赏。”在他走上舞台之前，他绝不会忘记一再地在心底对自己说：“我亲爱的观众，我爱你们。”不可思议吧？你怎么想都可以，可这的确是一个著名魔术家的成功经验。

美国是一个注重调查数据的社会，纽约电话公司曾通过打电话的方式做过一项调查，看哪一个字是人们最常用的。你一定猜到了，正是“我”这个字。五百个通话中，这个字约用了三千九百次。可见，人是通过以自我为中心展开行动的。

著名的心理学家阿尔费雷德·艾德洛在他的《生命之于你的意义》一书中写道：

“大凡不关心别人的人，迟早会在有生之年遭受重大挫折，并且还会伤及其他人。也就是这种人，导致了人类关系的种种非理性变故。”

或许你读过许多心理学论著，但一定很少看到过这么一段有意义的话。艾德洛的这段话实在是意味深长。

一家报社的编辑曾经说，每天有许多故事送到他那里，每篇稿子他只要读上一小段，便可以看出作者是不是真正关心他人。他说：“如果作者不是真诚地关心他人，人们也必定不会关心他的作品。”

写作如此，你应该坚信，面对面地与人相处更是如此。

关心他人，必须出于真诚。唯有真诚地关心他人才是获得幸福快乐的捷径，是人际交往最有效的润滑剂。真诚地关心他人，这是初涉世事的年轻人必须掌握的行为规范之一。

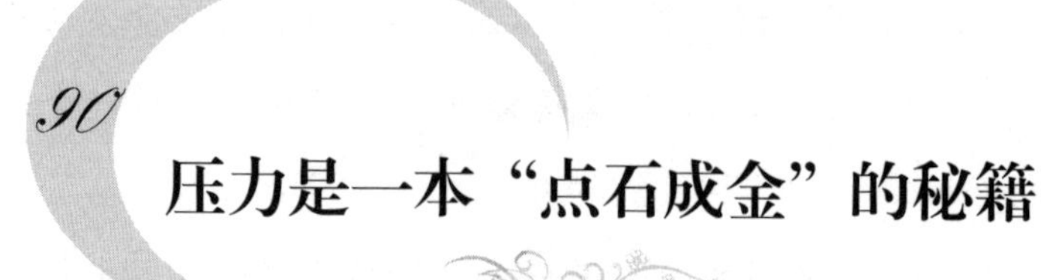

90 压力是一本“点石成金”的秘籍

人生需要用成功来证实自己的存在价值，想要克服与生俱来的惰性，最好的办法就是给自己一点压力，不需要太大，在你心里承受得起的范围内就好。事实证明，成功的人生无一不归功于像鞭子一样抽在身上的压力。它能把苦难化为力量，燃烧激情和热情，让你身体充满奋斗的能量。

如果你是一个声称自己有理想、有抱负的人，愿意为自己的目标付出一切，大声呼完口号后却依旧躺在自己的小床上悠闲地听着音乐的话，所有的美好不过是南柯一梦。你没有压力，也就无所谓动力，也就无所谓苦尽甘来的理想生活。

想要改变自己的生活就要拿出行动来，你已经察觉到自己有压力了，很好，说明你向成熟又迈进了一步，说明你已经有了将它化为动力的念头。接下来的任务是，感谢压力，与它共同奋斗吧！当把痛苦的压力转化为动力之后，你会惊喜的发现，不是上帝对你不公平，而是给了你一块多么广大美丽的土地！你可以随心所欲地播种希望，用勤奋的汗水浇灌，满心欢喜地等待着开花结果的那一个清晨的曙光！

压力加上你的决心，会变成点石成金的神奇魔法！请务必相信这一点。

勇敢地向着自己的方向前进，积极挑战心理、生理和生活的压力，以积极的心态去对待，还有什么可怕的呢？

一位泰国企业家玩腻了股票，他转而炒房地产，他把自己全部的积蓄和从银行贷到的大笔资金投了进去，在曼谷市郊盖了15幢配有高尔夫球场的豪华别墅。但时运不济，他的别墅刚刚盖好，亚洲金融风暴开始肆虐了，他的别墅卖不出去，贷款还不起，这位企业家只能眼睁睁地看着别墅被银行没收，连自己住的房子也被拿去抵押，还欠了一屁股的债。

这位企业家的情绪一时被突如其来的巨大压力压得低落到了极点，他怎么也没想到对做生意一向轻车熟路的自己会陷入这种悲惨的境地。

他决定重新白手起家，他的太太是做三明治的能手，于是就建议丈夫去街上叫卖三明治，企业家经过一番思索答应了。从此曼谷的街头就多了一个头戴小白帽、胸前挂着售货箱的小贩。

昔日亿万富翁沿街卖三明治的消息不胫而走，买三明治的人骤然增多，有的顾客出于好奇，有的出于同情。许多人吃了这位企业家的三明治后，被这种三明治的独特口味所吸引，于是经常光顾，回头客不断增多。现在这位泰国企业家的三明治生意越做越大，他慢慢地走出了人生的低谷。

他叫施利华，几年来，他以自己不屈的奋斗精神赢得了人们的尊重。在1998年泰国《民族报》评选的“泰国十大杰出企业家”中，他名列榜首。作为一个创造过非凡业绩的企业家，施利华曾经备受瞩目，在他事业的鼎盛期，他认为自己尊贵得像城堡中难得一见的皇帝。然而，当他失意时，习惯了发号施令的施利华亲自推车叫卖三明治，无疑需要极大的勇气。然而，他顶住了压力，做到了，因此，他成功了。

人生难免起起伏伏，没有压力的人生并不完整。没有狂风暴雨的震撼，哪里会有大树的挺拔身姿，没有砂粒的磨砺，哪里会有珍珠的华彩。正因为有失败、有挫折，世界才会选择投入谁的怀抱。想要成功，就要承受住压力，经受住考验；想要成功，就要顶得住失败，扛得起人生。

“天将降大任于斯人也，必先苦其心志，劳其筋骨，饿其体肤，空乏其身，行拂乱其所为，所以动心忍性，增益其所不能。”

在压力面前低下高贵头颅的人是懦夫，是被时间钉在耻辱柱上的可怜虫。正因为有了压力这个让人感受到切肤之痛、亦敌亦友的同行者的陪伴，你才能源源不断地挖掘自己奋斗的潜力，才能让同样属于每一个人的几十年时光，变的与众不同，特别地华美而绚烂。

因为压力，成功的过程变得晦涩，却又让成功唾手可得。从现在开始，正视你的际遇，让压力转化为成就你伟大事业和壮丽人生的激情动力吧！

91 珍惜时间，勤奋学习

我们要把握机会，就不能与时代脱节，也不可以裹足不前。21 世纪的竞争，是知识的竞争。时代的车轮不断地在滚滚前行，竞争日趋激烈。如果你止步不前，这本身就是倒退。要在千百万人当中脱颖而出，成为出类拔萃的一类人物，是件不易的事。作为学生，一个不可缺少的条件就是：不断学习、不断进步、不断创新。一个人倘若没有正确的学习观，不能够做到与时俱进，那他的事业也就不会成功。

曾经有个大学生问李嘉诚今天你拥有如此巨大的王国，靠的是什么？李嘉诚毫不犹豫地告诉他："靠学习，利用一切可以利用的时间不断地学习！"

李嘉诚自始至终都认为，知识是充实个人头脑的最佳"补品"。他的父亲是一位教师，在家庭环境的影响下，他自幼就认识到学习的重要性。父亲去世后，为了家计，李嘉诚只好去工作，不能继续上学，但他还充分利用业余时间买书、买报，常常读到更深夜半，以此来充实自己。因为时间太重要了，时间就是生命！一个消闲性的活动只能消磨时间，不会对学习有太大的帮助。

学习需要勤于向他人请教，学会虚心求问。书本上的知识固然可贵，但要想学到人生经验、工作经验以及技术经验，那就需要向人学习，将知识一点一滴地积累起来，以备后用。

一个人如果只是学习，而不去思考已学的东西，那将会迷惑而无所得。相反，一个人如果只顾思考，朝思暮想，而不去用功学习，那将会精神疲倦而无所得。所以，学习离不开思考，思考同样离不开学习，两者相辅相成，不可分割。

不断地在学习中进步是做一切事情的基础。过完18岁，如果你将来要想在事业上有所建树就必须从学习开始，并且抓住一切时间去学习。如果抓住了学习时间，你也就等于抓到了将来把握机遇的资本。

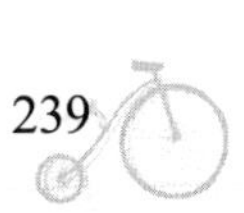

92

阅读是最值得推崇的消遣

书是人类进步的阶梯，阅读是最值得推崇的消遣。一杯清茶，一本好书，在悠然自得之间，你的人生已经悄悄地改变。

你首先要阅读能给你激发上进动力的书籍，这些书籍不仅在读者中引起了良好而积极的反应，重要的是，它对你今后的工作和人生价值的实现有着不可轻视的作用。

有的书籍早已不再印行，可是其中蕴含的真理，今天依然与它们撰写时同样有效。如果书店已购买不到，你应设法在图书馆或藏书人那里借来一读。错过这种书，你等于错过了一个自己暗恋的人。

你认真阅读、研究、了解与应用富有展示性与指导性的书籍，并且着重阅读你所能找到的你自己行业中，有关事业成功的人的一切报道、自传，以决定什么是你能够用以获得成功的原则。也要阅读一些别人行业中成功人物的故事，以寻找他们的共同特质与所蕴含的原则，从而学到对自己有用的处理具体事情的方法。

该如何读一本书?

阅读书是有技巧的。你阅读的时候，要专心，要想作者是你的老朋友，并且他是为你，单独为你而写的。

在你阅读一本书之前，要决定你所寻求的是什么。如果你知道你所寻求的是什么，比起没有特定目的来说是一种不小的收获。如果你真正想要认识、复述、吸引、应用一本书中的成功原则，你必须把这本书读进去，而不能“跑马观花”似的应付一下。

有一个著名的故事，说一位推销员站在推销经理的面前说：“再给我说说那个推销的老故事吧，我有点感觉泄气咧。”其实，不仅仅是那个推销员会泄气，你常常也会产生一种泄气的感觉。这种时候，重新读读你所认为的最好的书，再燃起第一次曾经推动你的那一把火。这把火会点燃你所有的勇气和信心，照亮你前进的路。

读破万卷书。

一本书是一种表达，万卷书该是多少种表达呢？你读的书越多，你懂得的表达越多，你在具体生活和工作中的选择余地也就越大。

反复阅读，找出有用原则为你所用，你人生新时代的开端就近在眼前了。因为从书本的阅读中，你已吸收了许多宝贵的智慧，这些智慧必将为你在成功拼搏的路途上奠定下厚重的基石。

93 创新能力是最大的竞争力

创新是一个永远不老的话题，创新并不是少数几个天才的权利，每个人都能创新。所谓创新，就是要敏锐地发现人们没有注意到或未重视的某个领域中的空白、冷门或薄弱环节，改变思维定势，进行创造和革新。

想别人没想到的，做别人没做到的，就要求你特别注意细心观察生活中的点点滴滴。也许某个不经意的举动，就可以使你灵光一现，你便会有所突破并进而前途无量了。

古语有“变则通，通则达”的说法，创新是在实践中不断得到提高和发展的。学会细心观察，用心观察生活的某个镜头，慢慢地你就会发现世界上的事情总是在变，而能够利用这种变化为自己创造机会、创造成功的人，才会拥有闪亮的人生。例如，怎样使电视看起来更清晰？怎样使沙发坐起来更舒服？怎样使阅读起来更便捷？……需要创新的东西太多，正因如此，创新才使我们的生活变得丰富多彩。

有位日本妇女，在用洗衣机洗衣服后发现，衣服上总会沾上一些小棉团之类的东西。有一天，她突然想起小时候在山冈上捕捉蜻蜓的情景。她想，小网可以网住蜻蜓，同样也可以网住那些小棉团。于是她用了三年的时间，边做边想，边想边做。终于在经过无数次的反复实验之后取得了成功。这种小网挂在洗衣机内，那些杂物就清除掉了。由于它构造简单，使用方便，成本低廉，受到大家的欢迎。当然她获得了高额的专利费。你看，只要你留心观察生活，它总会带给你惊喜。

一个人潜在的创新能力是一生享用不尽的财富，它可以使你战胜任何困难。这些困难并不一定指你所犯的错误或者遭遇的挫折，它们还包括你不知道如何将事情纳入正轨，或者如何解决的一些困难。多数时候，你知道如何解决汽车抛锚的问题，你也知道如何对付经理布置的几乎不可能按期完成的加班任务。所以说，你也具有创新能力，并且有可以把内心的梦想变为现实的所有能力。

就此而言，创新能力是一种最高的力量，或许你对这种力量没有任何概念，但创新能力是所有人都具备的能力。只要你发掘出自己的创新能力，你在工作中就会发现自己拥有最大的竞争力。

94 为学做事应以道德的修养为本

一个人无论想要学什么做什么，首先要在道德上立根基。这是人的根本，没有这个根本，再高的学问、再大的本事也是没有益处的。举个例子，警察和小偷之所学，有许多相似、相通之处，但是，同样的学，却导致不同的结果，其原因就在于人之本。这就像今日所说的道德与科学的关系一样。如何运用科学技术，不是取决于科学技术本身，而是取决于人的道德观念。总之，道德修养是人之根本，“本立而道生”，有了本，才可以言及其他。换言之，也就是先做人，再为学，再做事。

一个人的修为或道德修养如何，主要不是看他的文化知识，而是要看他能不能实行“孝”、“忠”、“信”等传统的伦理道德。只要做到了后面几点，他就能摆脱自然本性中的一些低级趣味和自私倾向。这样的人，即使他说自己没有学习过，但他已经是有道德的人了。在今天，道德修养和文化知识同等重要。只有这样，才能成为德才兼备的有用之人。

的确，一个人尽管学富五车、才高八斗，如果他的言谈举止、行为方式愚笨乖谬，不能解决一些实际问题，又有什么用呢？相反，一个人即使没有什么文凭，没有进过大学校门，但他言谈文雅，举止得体，行为方式正确，能够有所发明，有所创造，难道你能够说他没有学习过什么吗？

世间什么最难？做人最难，拼上三年两载工夫做成一件两件事不难，做人却是一辈子的事，弄不好一辈子也不会做人。不会做人怎么做事？一个人连人都不会做还能做什么？

有一个名叫公明宣的人在曾子门下学习，三年不读书。曾子说："你在我家里，三年不学习，为什么？"

公明宣说："我哪敢不学习？我看见老师在家里，只要有长辈在，连牛马也没有训斥过，我很想学习您对长辈的态度，可惜还没有学好。我看见老师接待宾客，始终谨慎谦虚，从来没有松懈过，我很想学习您对朋友的态度，可惜还没有学好。我看见老师在朝廷办公事，对下属的要求很严格，但从来不伤害他们的自尊心，我很想学习您对下属的态度，可惜还没有学好。"

曾子离开座位，向公明宣道歉说："我不如你，我只会读书罢了！"

以往我们的教育偏重于告诉人们什么是好人、必须做好人。比较偏废于教育学生怎样去做人，以致学生对于为人处世的原则方法技巧并不明了。因而不善应对不善交际，不能协调好人际关系，不能较好地把内在的美德变成外在的美行，把个人体面的融会在人群集体之中。

那么，一个人究竟该如何学做人呢？有人为此做出了如下界定：

其一，严于律己，宽以待人。这是做人的基本原则。以责人之心责己，以恕己之心恕人。

其二，与人为善，切忌骄横。众怒难犯，专欲难成。物极必反，器满则倾。肆无忌惮，焚己伤人。切勿恃强凌弱。倚势凌人，势败人凌我；穷巷追狗，巷穷狗咬人。

其三，谦和为美，多让少争。对人须有敬爱之心。相爱无隙，相敬如宾。荣辱毁誉，处之泰然。小不忍而乱大谋，不闹无原则的纷争。

其四，诚信待人，远离是非。君子重信诺，一字值千金。胸怀坦荡真君子，口蜜腹剑是小人。毋以己长而形人之短，毋因己拙而忌人之能。有言人前说，人后不说人。所谓：闲谈莫论人是非。

其五，仗义疏财，扶危济贫。钱财如粪土，仁义值千金，烈士让千乘，贪夫争一文。不因贫而舍，不以富为尊。

是以，做人决然是门大学问，绝对一言难尽，绝非一蹴而就。管窥蠡测，凭君撷取。

我们并不是主张不会做人，就不要学知识，而是要把做人的道德修养放在第一位，学知识放在第二位。因为，一个连人都做不好的人，学得再多的知识又有何用呢？

对于竞争，最好的结果是大家都是赢家

在一般人的观念领域里，竞争的状态应该是以你死我活的结局收场。在整个过程中，明枪暗箭、尔虞我诈是最常用的竞争手段。当竞

争最激烈的时候，和平竞争可以突发为恶性竞争，直至两败俱伤。但有一部分人的观念却与此相反，他们希望竞争的双方都能够在整个过程中获利，在竞争中求合作，在合作中求生存。共赢是他们追求的最高境界，而具备这种观念的人才可能成为最大的赢家。

双赢观就是在最大限度内寻求利益双收的观念，即互惠互利、利人利己。

利人利己可使双方互相学习、互相影响及共谋其利。要达到互利的境界必须具备足够的勇气及与人为善的胸襟。培养这方面的修养，少不了过人的见地、积极主动的精神，并且应以安全感、人生方向、智慧与力量作为基础。我们都应该具备这样的观念，在竞争与合作中让自己活得精神。

品格是利人利己观念的基础，以下三项品格特质尤其重要：

真诚正直：人若不能对自己诚实，就无法了解内心真正的需要，也无从得知如何才能利己。同理，对人没有诚信，就谈不上利人。因此，缺乏诚信作为基石，“利人利己”便成了骗人的口号。

成熟：也就是勇气与体谅之心兼备而不偏废。有勇气表达自己的感情与信念，又能体谅他人的感受与想法；有勇气追求利润，也顾及他人的利益，这才是成熟的表现。许多招考、晋升与训练员工使用的心理测验，目的都是测试个人的成熟程度。

只可惜常人多以为魄力与慈悲无法并存，体谅别人就一定是弱者。事实上，人格成熟者严于律己，宽以待人。在需要表现实力时，决不落在损人利己者之后，这是因为他不失悲天悯人、与人为善的胸襟。

徒有勇气却缺少体谅的人，即使有足够的力量坚持己见，却无视他人的存在，难免会借助自己的地位、权势、资历或关系网，为私利而害人。但过分为他人着想而缺乏勇气维护立场，以致牺牲了自己的目标与理想也不足为训。

勇气和体谅之心是双赢思维不可或缺的因素，两者间的平衡才是真正成熟的标志。有了这种平衡，我们就能设身处地为对方着想，同时又能勇敢地维护自己的立场。

富足心态：一般人都会担心有所匮乏，认为世界如同一块大饼，并非人人得而食之。假如别人多抢走一块，自己就会吃亏，人生仿佛一场游戏。难怪俗语说："共患难易，共富贵难。"见不得别人好，甚至对至亲好友的成就也会眼红，这都是"乏匮心态"作祟。抱持这种心态的人，甚至希望与自己有利害关系的人小灾小难不断，疲于应付，无法安心竞争。他们时时不忘与人比较，认定别人的成功等于自身的失败。纵使表面上虚情假意地赞许，内心却妒恨不已，唯独占有能够使他们肯定自己。

相形之下，富足的心态源自厚实的个人价值观与安全感。由于相信世间有足够的资源，人人得以分享，所以不怕与人共名声、共财势。从而开启无限的可能性，充分发挥创造力，并提供宽广的选择空间。

真正的成功并非压倒别人，而是追求对各方都有利的结果。经过互相合作、互相交流，使独立难成的事得以实现。这便是富足心态的自然结果。

建立在利人利己观念上的人际关系，有厚实的感情账户为基础，彼此互信互赖。于是个人的聪明才智可投注于解决问题，而非浪费在猜忌设防上。这种人际关系不否认问题的存在或严重性，也不强求泯灭各方分歧，只强调以信任、合作的态度面对问题。

然而合理的关系若不可得，与你交手的人偏偏坚持双方不可能都

是赢家，那该怎么办？这的确是一大挑战。在任何情况下，利人利己都不是易事，更何况和自私自利的人打交道，但是问题与分歧依然要解决。这时候，制胜的关键在于扩大个人影响圈：以礼相待，真诚尊敬与欣赏对方的人格、观点；投入更多的时间进行沟通，多听而且认真地听，并且勇于说出自己的意见。以实际行动与态度让对方相信，你由衷希望双方都是赢家。

这是人际关系的最大挑战，追求的已不止是完成谈判或交易，更要发挥感化的力量，使对手以及彼此的关系都能脱胎换骨。纵然少数人实在不容易说服，我们还可选择妥协——有时为了维持难得的情谊，不妨有所变通。当然，好聚好散也是另一种选择。

总之，无论如何，双赢的观念应该是我们必备的。也只有在这种观念的引导下，才不至于让竞争变得生硬而不可调和。这种观念决定了我们的生存状态和个人成就，请你不要忽视它。

96 细节虽细，能量巨大

一个墨点足可将白纸玷污，自身一个小小的细节亦会招致别人的厌恶，不要忽视细枝末节的危害性和杀伤力。俗话说，事无巨细。小事情包含着大智慧，把握细节，成功与你有约。天才就是注重细节的人，这就是他们与凡人的最大区别。

世界上最难懂得一个道理就是，最伟大的成功往往是由最细小的事物点点滴滴汇集而成的。绝大多数人很少能有机会遇到那种重大的转折，很少有机会能够开创宏伟的事业。而生活的溪流往往是由一些琐屑的事情、无足轻重的事件以及那些过后不留一丝痕迹的细微经验渐渐汇集成的，也正是它们才构成了生命的全部内涵。

从古到今的成功者，以及伟大的谋略家们，在成功的道路上都没有忽略细节在成就事业当中的巨大作用。

鬼谷子说："既想捭的周全，又想阖的细密，然而周密的实处又在于慎微。"

所以，要想让自己不流于平庸，应学会在细节处下工夫。

有时候，公司老板或业务员要出差，便会安排员工去买车票，这看似很简单的一件事，却可以反映出不同的人对工作的不同态度及其工作的能力。

有这样两位秘书，一位将车票买来，就那么一大把地交上去，杂乱无章，易丢失，不易查清时刻；另一位却将车票装进一个大信封，并且，在信封上写明列车车次、号位及启程、到达时刻。后一位秘书是个细心人，虽然她只是注意了几个细节处，只在信封上写上几个字，却使人省事不少。按照命令去买车票，这只是"一个平常人"的工作，但是一个会工作的人，一定会想到该怎么做，要怎么做，才会令人更满意，更方便，这也就是用心，注意细节的问题了。

工作上细节不容忽视。注意细节所做出来的工作一定能抓住人心，虽然在当时无法引起人的注意，但久而久之，这种工作态度形成习惯后，一定会给你带来巨大的收益。这种细心的工作态度，是出于对工作极其重视的态度而产生的；是对再细小的事也不掉以轻心的高度责任感而产生的。一般来说，会成为大人物的人，即使要他去收发室做整理信件的工作，他的做法也会跟别人有所不同。这种注重细微环节的态度，就是使自己的前途得以发展的保证。

一部名为《细节》的小说，其题记为：“大事留给上帝去抓吧，我们只能注意细节。”作者还借小说主人公的话做了脚注：“这世界上所有伟大的壮举都不如生活里一个真实的细节有意义。”

生活就像根无限拉长的链条，细节如链条上的链扣，没有链扣，哪有链条？历史就像日夜奔腾的江河，细节如江河的支流，没有支流，哪有江河？回味生活，翻阅历史，为什么不从真实的细节做起？把细节留在身边，你终究会成就大事！

97 在反省与总结中提高自我

世界上没有一个人能保证自己永远不犯错误。对于社会中的每一个人来说，我们应当牢记的一个法则是：不要犯同样的错误。正如那句谚语所说——一只狐狸不能用同一个陷阱捉它两次，驴子绝不会在同样的地点摔倒两次，只有傻瓜才会第二次跌进同一个池塘。

任何人都难免犯错误，不犯错误的人是没有的。聪明的人能够吸取上一次的教训，为防止下一次挫败做好准备；愚蠢的人并不能这样做，仍然在犯与第一次相同的错误。所谓“吃一堑，长一智”，我们应该从错误中吸取教训，确保下一次不再犯同样的错误，人们不应该两次走进同一条死胡同。

有一次，一个猎人捕获了一只能说90种语言的鸟。

这只鸟说："放了我，我将告诉你三条忠告。"

猎人回答说："先告诉我，我保证会放了你。"

鸟说道："第一条忠告是：做事后不要懊悔。"

"第二条忠告是：如果有人告诉你一件事，你自己认为是不正确的就不要相信。"

"第三条忠告是：有些高度如你爬不上去时，别费力去爬。"

讲完这三条忠告之后，鸟对猎人说："现在你该放了我吧。"猎人依照刚才所说的将鸟放了。

这只鸟飞起后落在一棵高树上，它向猎人大声叫道："你放了我，你真愚蠢。但你并不知道在我的嘴中有一颗十分珍贵的大珍珠，正是这颗珍珠使我这样聪明。"

这个猎人很想再次捕获这只放飞的鸟，他跑到树跟前并开始爬树。但当爬到一半的时候，他掉了下来而摔断了双腿。

鸟嘲笑他并向他叫道："傻瓜！我刚才告诉你的忠告你全忘记了。我告诉你一旦做了一件事情就别后悔，而你却后悔放了我。我告诉你如果有人对你讲你认为是不可能的事，就别相信，但你却相信像我这样一只小鸟的嘴中会有一颗很大的宝贵珍珠。我告诉你有些高度如果你爬不上去时，就别强迫自己去爬，而你却追赶我并试图爬上这棵大树，还掉下去摔断了你的双腿。"

"这句箴言说的就是你：'对聪明人来说，一次教训比蠢人受一百次鞭挞还深刻。'"

说完鸟就飞走了。

这则故事的寓意可谓深刻至极。同样，无论是在生活中还是在工作中，我们经常听到别人的忠告，有时自己也会对别人提出忠告。忠告一般都是从经验教训中总结出来的，目的就是为了避免下一次的错误。因此，我们应该经常反省和总结，从自己成功与失败的经历中得出经验教训，然后根据实际情况灵活运用，避免犯同样的错误。

下面是一则关于一位深谙自我反省与总结艺术的人物——豪威尔的故事。他是美国财经界的领袖，曾担任美国商业信托银行董事长，还兼任几家大公司的董事。他受的正规教育很有限，在一个乡下小店当过店员，后来当过美国钢铁公司信用部经理，并一直朝更大的权力地位迈进。

豪威尔先生讲述他克服危机的秘诀时说："几年来我一直有个记事本，记录一天中有哪些约会。家人从不指望我周末晚上会在家，因为他们知道，我常把周末晚上留作自我省察，评估我在这一周中的工作表现。晚餐后，我独自一人打开记事本，回顾一周来所有的面谈、讨论及会议过程。我自问：我当时做错了什么？有什么是正确的？我还能做些什么来改进自己的工作表现？我能从这次经验中吸取什么教训？这种每周检讨有时弄得我很不开心，有时我几乎不敢相信自己的莽撞。当然，年事渐长，这种情况倒是越来越少，我一直保持这种自我分析的习惯，它对我的帮助非常大。"

豪威尔的做法值得我们每一个人学习，因为睿智的人知道，不认真反省与总结，不吸取教训，不改正错误，是成不了大业的。

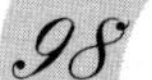

以出世的态度做人，以入世的态度做事

用出世的态度做人，用入世的态度做事。这句话，用极简单的语言，说出了人生复杂的道理。人生一世，如草生一秋，是匆匆而麻烦的短暂。所有的人，上自帝王显贵，下至黎民苍生，都是这个匆匆舞台的演员和看客。常言浮生若梦，过去把这话是当作消极的思想来批判的。其实，谁都明白，人生到底是一出悲剧：无论是天才还是愚钝，到头来都摆脱不了一个毫无二致的结局。有了这样的洞察，人们就会在不免有些苍茫的悲凉中，获得某种顿悟，参透一切苦厄：把身外之物看淡，豁达、潇洒，了无牵挂，无忧而有喜。这就是“出世”的思想，是指从总体上看，要把世事看淡。

但若只停留在这一层面上，那就确实有点“消极”的味道了。只讲“出世”而不讲“入世”，则对人生的体悟还说不上全面深刻。

所谓“入世”，就是一个人对于现实世界的认识，只有对现实的纷纷扰扰有一个充分的认识和把握，才能更加游刃有余地做事做人。有了“入世”对于“出世”的加入和融会，就把人的高低、不同的境界区分了出来。

从具体上看，人活着要谋生、要做事，不论是为自己，还是为社会，都来不得半点虚妄。太阳每日升起，每日落下，一个人的一生能看到几次日出日落的景致？因此就要珍惜，决不虚度光阴。春花秋月，酷暑严冬，黾勉苦辛：要每日都过得充实、有意义，有益于人，也有益于自己。不悲观，不厌世，一步一步坚定地走向前去：明知愈走愈接近那谁也无法逃避的终点，却始终是坚定地前行：这样的人生，是摆脱了大悲苦而拥有大欢喜的人生。

生命里充满了大大小小的争夺，包括快乐与自由在内，都免不了一番拼斗。年轻的时候，总是紧紧跟随着周遭的人群，急着向前走，急着想知道一切，急着要得到自己应该可以得到的东西。直到最后才明白，争夺到手的也就是拱手让出的，得到的其实就是失去的。但是，如果想改正和挽回一切，却需要更多和更大的勇气才行。

其实，我们每个人的生活面貌都是由自己塑造而成的，好与坏往往都在我们自己的一念之间。如果我们能够时刻保持清醒的大脑，明确自己生命中什么是最重要的，既能看清自己的长处，又明白自己的不足，这样就不至于浪费许多时间和精力，空自烦恼了。发现自我，扬长避短，有选择、有坚持、懂放弃，你的人生之路就能越走越开阔了。

99 别把美德当迂腐

有人说：美德当不了饭吃，在这个一切讲究实际的社会里，那种“迂腐”的道德品质反而会让自己吃亏。这其实是一种短视之见。真正有眼光、会办事之人，无论是发自内心还是故意表现，都会把道、德、仁、义、礼等美德作为自己的处世工具，用以弥补自己的先天不足。

《三国演义》中把刘备描写成一个大好人，评价与曹操完全相反。不过，若从个人能力上来观察，刘备是一个无能之辈。曹操参战的获胜率为八成，而刘备只有两成，可以说是败多胜少。结果曹操顺利地扩充势力，而刘备却时沉时浮，举兵二十年后仍毫无建树。

既然如此，曹操为什么会将能力远不如自己的刘备视为最强的对手呢？根本原因在于刘备拥有一种足以弥补个人能力不足的秘密武器。这种武器不是别的，是“美德”。

譬如有名的“三顾茅庐”的故事，刘备为了聘请诸葛亮为军师，不惜三次亲自到诸葛亮的茅屋去请他。当时两个人地位相差悬殊，刘备虽然在争霸的过程中不太顺利，但是也颇有名望。而且刘备当时已年近五十，而孔明却是二十岁出头的无名小卒。刘备竟然会特地三次造访孔明，以崇敬的态度请求孔明做他的军师，及至在孔明应允之后，又马上将全部作战计划等国家大事都委任于他。这实在是最彻底的谦虚态度以及完全的信赖。

不仅对孔明一人如此，刘备对其他部下也是这样。

比如，当赵云从敌人重围中冒着性命危险救出太子阿斗之后，刘备不是像常人那样欣喜若狂，而是生气地将阿斗扔到地下，感叹地说："几乎因为你折损了一员大将。"这种举动，又怎能不使部下感动而誓死效忠呢？

与刘备相比，曹操在这方面则不但不仁义，反而大逆不道了。曹操在逃避董卓的追捕时，曾经到一个朋友家去避难，他把朋友两口子为他杀猪接风的话偷听过来。误解为把他捆缚交出去，于是他便一气之下将朋友夫妻一起杀死了。

由此可见，曹操是一个毫无德行、不讲信义的、刚愎自用的人，他自己也说过："宁教我负天下人，也不让天下人负我"的话。曹操虽然能力过人，但是却不具有刘备那样的德行，这也正是他把刘备视为头号对手的原因所在。由此观之，我们确实应该向刘备学习以德感人的手段，以此弥补能力上的不足，身为领导者尤其应该如此。

刘备临终前，曾经留给后主刘禅一封遗书来训诫他，其中有"唯贤唯德，能服于人"两句话。"贤"是指聪明，"德"是指仁德，德可谓人之所以为人的魅力所在。如果在位者缺少贤德，便无法推动臣下。刘备又说："你的父亲是一个缺乏贤德的人，你千万不要像我一样。"刘备自谦地认为自己没有德，实际上正好相反。刘备晚年终于建立了自己的势力范围，这种成就与其说是刘备自己的才智所获致的，不如说是来自部下们的奋斗更恰当。像孔明、关羽、张飞、赵云等人甚至可以为了刘备赴汤蹈火而在所不辞，他们之所以这样的忠心耿耿，完全是因为刘备所具有德的仁性，即道德、仁义，以及对他人的信赖感。

道、德、仁、义、礼作为一种内心道德修养的外在表现，既是做人之德，又是做事之器。我们常可以在生活中见到那么一种人，他们态度蛮横，行为霸道，恨不得将所有的好东西都据为己有，但结果他们又真正得到了什么呢？而有道、德、仁、义、礼这五种美好品德的人，虽然他并未成心有意地去索取，但上天并不负于他，那些理应属于他的，以及他所配得到的东西，都会尽其所有，伸手可及。

朱熹《朱子类语》中有云："圣人之德无不备，非是只有此五者。但是此五者，皆有从后谦退不自圣之意，故人皆亲信而乐告之也。"说的正是这个道理。

100 不是故事的结局不好，而是我们对故事的要求太高

看到这第 100 个人生经验，这本书也该结束了。首先，我们承认这并不是一本完美无缺的书。如果你打算看完它就能让自己做一个人人敬仰、无往而不胜的人间奇才，那么很抱歉，我们做不到，我们也相信没有谁能做到。仅仅是一本书，怎么能被赋予如此大的魔力？但凡能给你带来些许积极的影响，我们的目的就达到了。其实，你所需要的也就是这"些许积极的影响"。要求太高了，对你，对我，对所有的人都不是一件好事情。

就像你刚听完一个故事，你说结局不够圆满，并因此郁郁寡欢，愁眉终日，何必呢？何苦呢？不是故事的结局不够好，是你对故事的要求太高了。

生活就是一现场直播的故事，我们总是要面对种种缺憾，缺憾是与生俱来的，没有缺憾就意味着圆满，圆满也意味着停滞，到达了终点。因为圆满，会使人失去了“咬牙切齿”奋斗的劲头。如此，圆满反而成了一个最大的缺憾了。失去断臂的维纳斯，她的美不仅征服了西方也征服了东方。曾几何时，多少艺术家绞尽脑汁，想为她重塑双臂，然而，欲成其美，适得其反。许多悲剧之所以那么耐人寻味就在于它的缺憾，留给观者极大的思考余地。正如狄德罗所说：“如果世界上一切都是十全十美的，那便没有十全十美的东西了。”月亮因为有阴晴圆缺，所以才那么丰富多彩。卓越、出色者并非完美，奇才常常有大缺憾。著名影星玛丽莲·梦露，有人说她脸太短，身体则丰满得有点偏胖，然而她却被评为二十世纪最美的女人。美国伟大的总统林肯，相貌不佳，不修边幅，嗓音粗哑，但他却堪称美国最完美的演说家。

在美国，《独立直言》是广受尊重的历史文件，其地位也许仅次于《联邦宪法》。《独立宣言》的原件珍藏于华盛顿国家档案馆，是美国的无价之宝。然而这样一份神圣的、庄严的文件，有谁能料到，其中竟有两处“缺憾”。原来，当初这份文件成稿以后，大家发现遗漏了两个字母，没有人认为应该重新抄写一遍，只是在行间把这两个字母加了上去，并打上了“∧”的脱字符号。在上面签字的56名美国精英，并未因此认为这有辱这份赋予国家自由的文件的圣洁。《独立宣言》文字简约，篇幅不长，重新抄写得工整漂亮并不难做到。别说这样重要的文件，就是一份普通的公文也有多少官僚为之而斤斤计较，但这种细枝末节的完美对问题的实质有无影响呢？值不值得把宝贵的时间精力花费在这上面呢？56名胸怀全局、不拘小节、务实而又浪漫的精英们签下自己的大名，就迅速去为文件的内容而奋斗了。世界上完美无缺的文件很多，但成为国宝的有几件呢？形式上的细枝末节再完善，也不过是个形式而已，内容如何、执行的情况如何才是一份文件的价值所在。

你的生活中是不是也有缺憾呢？还在为它而烦恼吗？要想寻求到快乐？就必须学会放弃完美。人生的真谛，往往不是寄予“歌舞升平”的繁华，也非蕴于“平步青云”的惬意，更不在乎“儿孙满堂”的完美。从某种意义上说，一个完美的人也会有遗憾的，他永远无法体会有所追求、有所希冀的感受，他无法体会他所爱的人带给他一直追求而得不到的东西的喜悦。没有缺憾，人生将变成一个痴迷、狂欢的舞台。一个有勇气放弃他无法实现的梦想的人是聪明的，因为他不会在徒劳中挣扎。

世界上的人都在拼命地追求完美，当他们疲惫不堪地勉强将一件事做到尽善尽美后，马上又发现这件事上还存在新的问题。他们忽略了重要的一点，就是世界上没有绝对的完美，如果固执地追求，必将会使自己身心俱疲。既然缺憾是无法从根本上改变的，那我们何不笑对缺憾，尽可能地从缺憾中获得快乐呢？

一个孩子哭了，因为他拿到的白纸上有一个黑点，“多么不完美啊！”妈妈走了过来，抱起孩子说：“宝宝，别忘了你还有一张白纸呢！为什么你只看见了黑点呢？”

世界上没有十全十美的人，这一点很多人都懂，但他们却还是整天为自己的缺憾烦恼，其实如果把人看成一张大白纸的话，那么你的缺憾就是纸上的一个小黑点，为什么你只盯着黑点，却没有注意到黑点外的白纸呢？

有些事，可以通过努力改变，有些事，无论如何努力都难以改变。对于我们不能改变的，不管喜欢与否，我们只能接受它们，不能抗拒。世界就是这样，事情就是这样，我们应当把这些当成水分子结构、当成地球形状、当成宇宙组成一样的自然事实来接受。我们可以心怀疑虑或好奇，可以保有提问的权利，但不要试图去改变什么。因为有一些方面，像我们的国籍、父母、遗传基因、肤色、家境、幼时所受的教育以及将要生长于其中的社会环境，在我们出现之前就是先定的。

人生确实有许多不完美之处，每个人都会有这样或那样的缺憾。其实，没有缺憾我们无法去衡量完美。仔细想想，缺憾其实不也是一种美吗?

记得一位哲人说过:“没有遗憾的人生才是最大的遗憾。”可以说，完美总是和缺憾相伴的，或者说完美是有缺憾成全和陪衬的。正因如此，我们的生活才有了百种滋味。

缺憾也是我们的一部分，为了一点点缺憾而否定自己，实在是一件不明智的事。只有不为缺憾耿耿于怀，对生活的要求低一些，我们才能好好享受生活，并且在不断走出缺憾中成就其永恒之美。

参考文献

[1] 李卫平．青少年不可不知的100条人生经验［M］．北京：石油工业出版社，2007.

[2] 天隅．三十岁的男人：三十岁前应做的事［M］．北京：北京工业大学出版社，2006.

[3] 宿春礼，李湛．二十几岁要懂得的99条人生经验［M］．北京：北京工业大学出版社，2008.

[4] 晨曦．告诉自己：挫折不怕［M］．哈尔滨：黑龙江教育出版社，2008.

[5] 问道，邢群麟．人一生要学会的100件事［M］．哈尔滨：黑龙江科学技术出版社，2009.

[6] 韩雪．人生第一课成功课［M］．北京：中国画报出版社，2009.

[7] 吴章鸿．每天进步一点点（从平凡到卓越的183个道理）［M］．北京：中国妇女出版社，2004.

[8] 胡宝林．哈佛学不到：100位世界名人给青少年讲授的人生哲理［M］．沈阳：万卷出版公司，2006.

[9] 博文．全世界杰出青少年都在读的励志书［M］．哈尔滨：黑龙江科学技术出版社，2009.

[10] 查一路．读懂人生读懂爱［M］．哈尔滨：哈尔滨出版社，2007.